Els pecats de la xona

i tot allò que la Moreneta ens perdona

Laura Fa
Marta Pontnou

Els pecats de la xona

i tot allò que la Moreneta ens perdona

ROSA DELS VENTS

Paper certificat pel Forest Stewardship Council®

MIXT
Paper procedent de fonts responsables
FSC® C117695

Penguin Random House Grupo Editorial

Primera edició: març del 2023

Printed in Spain – Imprès a Espanya

ISBN: 978-84-18062-98-8
Dipòsit legal: B-1.002-2023

Compost a Comptex & Ass., SL

Imprès a Romanyà Valls, S.A.
La Torre de Claramunt (Barcelona)

VT 6 2 9 8 8

A les nostres criatures: Pep, Constança,
Lola i Hivèrnia, perquè quan sigueu
grans aquest llibre us faci riure.
Només així sabrem que ho hem fet bé

Índex

Abril

Maig

Juny

Juliol

Agost

Setembre

Octubre

Novembre

Desembre

Som la Fa i la Pontnou, autores d'aquest llibre i protagonistes d'aquestes històries... O no. D'algunes, potser sí. De totes? Tampoc. Estan basades en fets reals... Sí? Vols dir? De les nostres amigues? Algunes sí, d'altres no.

És ficció o realitat? És la nostra vida o la de moltes catalanes.

El que sí que som és dones, autònomes de més de quaranta anys amb parella i criatures. Independents i fresques, també, bastant.

Així doncs, és la nostra biografia? No, però és el dia a dia, el mes a mes de coses que ens passen a moltes dones del país i algunes que ens agradaria que ens passessin, també.

Ens acompanyeu? Obrim calendari!

Gener

6 de gener, dia de Reis
Per a Reines, nosaltres!

Comencem l'any fartes, quina millor manera de fer-ho! Diuen que has d'encetar l'1 de gener amb alegria, amb propòsits, amb empenta... Però nosaltres arribem al dia cinc i ja tenim pensaments suïcides.

Com voleu que no estiguem esgotades si hem hagut de pensar tots els regals? Efectivament som nosaltres les qui planifiquem, comprem i emboliquem tots els paquets. La coordinació familiar en temps de festes sempre ha sigut nostra: atabalar les criatures perquè escriguin la carta, preguntar a cunyats, germanes i sogres què volen per Reis i ser prou organitzades per tenir-ho tot a punt el mateix 20 de desembre. Això és el que ens proposem i, en canvi, cada cop acaba sent un drama, i ens trobem cridant un cop més: «L'any que ve no em penso encarregar de res!!!».

Mentida, cada Nadal igual. Bé, aquest cop no: per primera vegada hem fet una cosa molt ridícula. Una cosa que quan érem joves i vèiem fer a les nostres pròpies mares ens feia sentir llàstima, una pena molt profunda. El moment en el qual decideixes comprar-te tu mateixa el regal i embolicar-te'l. Nosaltres ho fem amb tant de temps que enguany fins i tot ens hem sorprès en estripar el paper! No recordàvem què ens havíem autoregalat! És tan patètic que les nostres parelles no ens coneguin prou per saber ni tan sols les marques, les fílies i les últimes col·leccions de les nostres dissenyadores de capçalera!

El que més ens agrada d'aquestes festes són les cares dels nostres marits en veure les criatures obrint els paquets. Tots tenen la mateixa innocència i il·lusió en la mirada, adults i petits. Sabeu per què? Perquè ells tampoc saben què hi ha a dins de les caixes dels seus propis fills, perquè no s'han dignat a anar a comprar res. Mirem-ho pel cantó positiu: sorpresa doble!

Així que avui mateix tenim al garatge el nostre propi regal, la merda de regal de la sogra, el de les cunyades per ridiculitzar-te i el del teu cunyat pesat que no fotràs servir per res, tots fent fila a punt per ser retornats.

A tot això sumeu-hi la malícia de saber que tot allò que ens hem comprat, el dia 7 estarà rebaixat. La ràbia que ens fa que a Madrid ja estiguin de saldos i nosaltres hàgim d'esperar com sempre, com a bones catalanes, a pagar un preu sobrecarregat per les mateixes coses.

A més a més d'estar pendents de la gestió dels regals, les pubilles tenim una altra preocupació, que és protegir les criatures dels bocamolls que xafen les sorpreses i trenquen la il·lusió. Quants cops heu hagut de dir-li a la iaia que no torni a dir en veu alta de punta a punta de menjador: «Nenaaaa, ja li has comprat algu al nen amb els cèntims que et vaig donar? Que jo no baixaré de botigues, que em fa mal el genoll!». Ens hem d'inventar mil històries per intentar evitar ficades de pota com la de la sogra, que el tió encara no ha acabat de cagar i ja t'està donant un bitllet de 20 euros plegadet amb la discreció d'un narcotraficant de barriada. Ja és prou feinada intentar explicar a la criatura que aquell tió de dos pams ha tret pel cul una caixa de Lego de 50 × 60 cm. Mira que vam avisar que volíem regals petits perquè fos mínimament creïble! I ho salvem dient que algú ha picat el tió abans d'hora, però salta el cunyat de torn i ho remata: «Si vols, es pot canviar, eh? Que hi ha el tiquet a dins!».

Així que l'única venjança possible davant de tot aquest drama nadalenc és estafar la família. Alguna compensació econòmica hem de tenir per encarregar-nos de tota aquesta gestió familiar que ens fa sortir un brot de psoriasi al voltant del coll. A partir d'ara, quan toqui passar comptes amb la família de tot allò que hem comprat, arrodonirem a l'alça els imports, així ens sentirem menys imbècils per ser les úniques que mouen el cul per anar a comprar mentre les nostres cunyades i germanes s'esparraquen a la perruqueria el dia vint-i-tres de desembre.

14 de gener
No som d'estalviar

A la vida hi ha tres coses que ens fan mandra: buidar el rentaplats, baixar a comprar el pa i els dinars familiars dels diumenges. N'hi ha tres més que ens generen terror: anar al dentista, agafar la ronda de Dalt a les vuit del matí i fer el transbordament del metro de Passeig de Gràcia. I n'hi ha una de sola que ens produeix autèntic pànic: el tancament d'any amb les nostres gestores.

Cada trimestre és un malson de factures, rebuts i tiquets, i d'haver de tancar fiscalment un any quan tot just en comença un altre. Aviam, si no hem sigut capaces d'oblidar l'empotramenta del surfista de l'agost passat, com hem de buscar tiquets del desembre?

Hem decidit que, com a República que volem ser, hauríem d'inventar un sistema nou: que el banc revisi els ingressos, els proveïdors i les despeses... i que ells mateixos ens ho sumin o ens ho restin directament del nostre compte i fot-li! Ens estalviarien la meitat dels disgustos i hores perdudes.

A sobre no ens deixen desgravar moltes coses que creiem necessàries. Com una sessió de radiofreqüència per a la cara, que ja sabeu que l'autoestima és bàsica per encarar una bona negociació. També ens han de bonificar pels vestits nous dels sopars d'equip, pel *power* que et dona estrenar roba..., que ni el polvasso de la vida! I, sobretot, desgravar manicures, que no pots anar a esmorzar amb la teva jefa sense fer matx amb la roba i les mans, que es posa de mal humor!

Per què coi tot això no ens ho deixen desgravar? Qui decideix que no és necessari per treballar? Quin tipus de persones supervisen la nostra economia? No teniu ni ànima ni empatia! Voleu condemnar-nos a la mediocritat a totes les treballadores de classe mitjana.

No ens enganyeu ingressant-nos la factura sencera. Si no som capaces ni d'arribar aviat a l'escola a dur els nens, com hem de tenir la previsió de guardar uns diners que ja ens heu ingressat? No podem ser disciplinades en la planificació de la nostra economia si ni tan sols deixem fet l'entrepà de les criatures el dia abans de l'escola!

Aquest any hem après coses molt importants: a distingir tot el que no podem desgravar del que sí, i a no enviar missatges sonda al nostre ex perquè mai ens perdonarà. En totes dues coses es tracta de no perdre la poca dignitat que ens queda. Ara, això sí, prometem començar a ser previsores, apartarem l'IVA de la factura en un compte a part perquè el vostre sistema no funciona. I repetirem el mantra: «Quan cobri guardaré l'IVA...Ommmmmm». Però no en farem ni cas i els 106 euros que hem guanyat per haver locutat deu minuts d'anunci els invertirem en una samarreta de Miriam Ponsa.

El sistema fot figa pertot arreu, a les autònomes no ens ve res de cara. Encara tenim empreses que ens paguen a seixanta dies i fins i tot a noranta, més temps del que nosaltres seríem capaces d'esperar per tenir una cita digna. A més a més, hi ha professions que no tenen ni un epígraf on acollir-se. Sabíeu que fins aquest any no han creat el dels periodistes? Productores de televisió, comunicadores, presentadores que havien de facturar com a comparses, recitadores, artistes de circ, toreros o ceramistes.

O sigui, formem part d'un sistema en què els toreros i els caps de quadrilla estan validats com a professionals de debò i en canvi la Pilar Rahola és una simple recitadora (consulteu el grup 016 de l'epígraf «Artistes»).

És indignant la falta de reconeixement de les professions realment útils per a la societat. No serem un país digne de merèixer la independència fins que el nostre ofici no sigui considerat una feina. Nosaltres no volem horaris fixos, volem papallonejar per diverses feines, moure'ns amunt i avall. No volem que ens lliguin a una cadira durant vuit hores sense apartar els ulls de l'ordinador. Nosaltres volem un país, un epígraf, un amant de metre noranta i una feina on anar a lluir els nostres cervells i la nostra darrera compra d'armari.

20 de gener

Volem un star system català

L'altre dia sopàvem amb les amigues i recordàvem l'enyorat «Tot i més» de *Lecturas*. Per què els famosos catalans ja no apareixen ni en un trist suplement d'una revista? Dues pàgines, quatre notícies dels personatges cuquis del país. Una crònica d'una festa ràndom de la ciutat. Eren titulars avorrits, d'acord, sí, però lluïen força dins d'una revista estatal. Ara a Catalunya ni tan sols tenim festes per on passejar-nos, però, esclar, és culpa nostra. Les marques que munten tots aquests saraus ja saben que al nostre petit país no hi ha celebritats i, per tant, el seu producte no tindrà ressò als mitjans. Fotem pena, les catalanes, ens hem tornat tristes i apagades. I encara hi ha qui diu que Barcelona és tan cosmopolita i Catalunya tan moderna! Vahomevà! Si no saps ni on anar a prendre un gintònic un dia qualsevol a la tarda! No busquis cap català un diumenge al vespre, que estan tots tancats a casa agafant forces per dilluns! Com si haguéssiu de córrer una marató!

I a sobre no tenim inauguracions ni estrenes ni presentacions amb pompa i alegria. Ara no hi ha esdeveniments importants. Bé, un sí, encara tenim els Premis Gaudí, però no compten, que no poden ser més deslluïts sense una catifa vermella com Déu mana. Fa uns anys tot era una mica millor, brillàvem una mica més, érem un suplement; amb notícies de segona, això sí, però existíem.

El problema és que no tenim personatges. El món periodístic cuida tant l'star system català que l'ha fet fràgil. No se'l pot criticar, no se'l pot atabalar pel carrer amb un micro a la mà, no se'l pot sotmetre a guàrdies de paparazzi a la porta de casa. Els famosos catalans s'han convertit en aquells animalons salvatges que, si els cries a casa i els alimentes tu, no poden sobreviure quan els alliberes, perquè no saben com buscar menjar i amb poca cosa s'espanten. Aquesta és la faràndula que tenim, que se'ns ha mort tota abans que pogués volar sola. Mai a Catalunya hem tingut un escàndol que faci córrer tinta a les redaccions! Ens podríem haver quedat amb l'Arantxa Sánchez Vicario i convertir-la en una Isabel Pantoja nostrada. Però no, la vam protegir, ves que no s'ofengués la família! Aquí els periodistes no saben com tractar les notícies de la societat catalana, no saben què fer-ne, perquè no volen que pensin que som un país de xafarderes!

Que no tinguem famosos catalans amb els seus escàndols té les seves conseqüències. No podrem ser un país independent mentre no tinguem unes *celebrities* potents i que els mitjans se'n facin ressò.

Quan Catalunya sigui un estat, voldrem tenir una revista, un portal de notícies del cor. Voldrem que per Nadal la Lídia Heredia, des de Washington, ens faci un posat davant la llar de foc amb l'arbre decorat i la taula parada. Voldrem que ens parlin de la nova cita del Toni Cruanyes amb el Marc Giró i veure fotos de la Laura Rosel desbocada al Canet Rock i dels caps de setmana secrets del Jordi Basté a l'Empordà. I també les esquiades a Baqueira de la Maria Xinxó amb la Patrícia Plaja, que s'han embolicat aquesta tardor, i les fotos de la nova nòvia del Carlos Cuevas... I, ah!, unes declaracions d'una ex ben rabiosa de la Itziar Castro criticant a tort i dret.

Voldrem veure les vacances al Delta de l'Ebre del Marc Ribas, que ens facin un *docureality* de la vida de la Queralt Castellet, que ens avancin el divorci de l'Òscar Dalmau i que si el Clapés s'embolica amb algú de la Cope al Luz de Gas ens n'arribin les fotos fresquetes a primera hora del matí. Voldrem que si el Sergi Sabrià s'embolica amb una cantant d'*Eufòria* ens ho facin saber a tota portada i que si la Núria Coll compra unes hamburgueses al McAuto, les fotos es publiquin en un confidencial. Necessitarem saber si l'Agnès Marquès ha tornat a embarassar-se abans que la seva tieta d'Arbeca. I si la Ribogerta Bandini fa un duet amb la Rosalía la notícia haurà de publicar-se abans a la nostra revista, i que l'estrena es faci al casino de Tàrrega. I que obri el programa de la tarda si la Sílvia Soler té un embolic amb el Ricardo Darín o l'Elisenda Carod amb l'entrenador del Barça de bàsquet.

Aquest és el país que ens mereixem, aquest és el país que volem.

30 de gener
Follar-se l'entrenador personal, pecat capital

Ja som a finals de gener, falten cinc mesos per a l'estiu, i no pot ser que l'única cosa que temem d'aquesta estació de l'any sigui ensenyar el cos. No podem tornar a crucificar-nos per aquell entrecuix de flam i els braços de ratpenat a punt de sortir volant de la cova. Ja sabem de sobres que el físic no és important, que tots els cossos són vàlids, que el *body positive* és tendència i tota aquesta feinada que fem des del feminisme per treure'ns de sobre la pressió estètica encara ha d'anar a més. Però nosaltres, les que vam néixer al segle passat, tenim tants traumes, tants prejudicis fotuts al cap, que en aquest aspecte som una generació perduda. Podem entendre els conceptes, defensar-los i transmetre'ls, però no els podem sentir com a propis perquè ens han venut massa anys un cànon de bellesa que tenim tatuat al cervell. El patriarcat és això, pensar que només hi ha un tipus de cos vàlid.

Som de la generació que s'ha inflat a veure models seques, altes i amb la pell perfecta. Ens les han posat com a referents i ni amb set sessions de lobotomies i electroxocs assimilaríem que nosaltres no som un saldo.

Ens van robar l'autoestima amb merdes d'infància i bullyings d'adolescència... Llavors, com cony la recuperem ara després de tants traumets?

I amb tota aquesta reflexió entra a la nostra vida l'entrenador personal, per aquesta voluntat de cuidar-nos el cos i la ment. El Branko Piedra, amb nom d'actor porno, sí, però inofensiu, divertit i molt bo.

Que sona frívol i classista? Sí, però també és de mantes i de diners ben invertits. Voleu saber tota la pasta que heu llençat en matrícules i quotes de gimnasos que no heu trepitjat des de fa mesos? Quantes tarifes *low cost* heu tirat a les escombraries? Quantes claus d'armariets heu perdut? Quants diners perdeu en tractaments pels fongs que agafeu a les dutxes mixtes?

Així que la nostra idea de posar-nos un entrenador compartit ens sembla la pensada més enginyosa que se'ns podria ocórrer aquest principi d'any. Calculem que, sent febrer, si comencem de seguida, al juliol arribarem amb la ment desperta i sense esbufegar cada cop que pugem a la Mola.

Tres sessions a la setmana, una passejada caminant el diumenge a la muntanya i un fart de córrer per arribar a l'hora a l'escola de les criatures i ja ho tindríem! Ara, ja us aviso a totes les pubilles: tenim una sèrie de normes bàsiques a l'hora de buscar un *personal trainer*. Primer de tot, mai ha de ser del gènere sexual que t'agrada, mai, per cap concepte. La història està plena de matrimonis destruïts per qui va entrar a casa per fer suar les seves parelles. I, si no, que els ho preguntin a la Terelu Campos o a la Nuria Fergó. O a la mateixa Victòria de Suècia, una senyora que serà reina i tindrà com a príncep consort el seu entrenador personal! Ni Madonna! Tan empoderada ella, tan oberta mentalment i sexualment que no s'ha pogut estar d'embolicar-se amb l'home que tot el dia la pressionava a fer esquats. Sí, senyores, elles, riques i poderoses, han caigut estenallades als peus d'homes amb xandall... Com creieu vosaltres que podríeu resistir-vos-hi? Si elles van perdre el cul, la pasta i la dignitat, com podeu ser tan agosarades de pensar que posar-se en forma no us provocarà espasmes coronaris i uterins? Un entrenador, si ho aconsegueix, et canvia la vida. Penseu que és algú que ens regala moments de bona salut, autoestima, energia, bon humor i un cos tonificat... Amb tot això només voldreu follar-vos-el sense parar i dur-lo a casa per beneir-lo cada nit abans d'anar a dormir. No sigueu beneites, perlamortdedeu, trieu amb el cap i no amb els ulls.

Febrer

10 de febrer
Per carnaval no tot s'hi val

Ha arribat el mes de l'any que servidores temem més: la setmana del carnestoltes de les criatures. Aquell calendari que t'arriba en forma de bomba nuclear a principis de mes i que s'ha inventat el professorat per fotre els progenitors. Volen que no ens relaxem ni un moment. Hem sobreviscut a les interminables vacances nadalenques i, ara que ha passat un mes i ens crèiem alliberades i disteses, ens llancen un e-mail amb traïdoria per complicar-nos el mes de febrer. No us penseu pas que el balanç del curs és al juny: el dia que se'ns avalua com a bons pares i mares és la setmana de carnaval, el moment en el qual es posa en valor la creativitat, l'organització i la planificació familiar. És crucial que tots tres elements siguin executats a la perfecció per convertir-nos en les mares de l'any.

Tot el que ens fan fer no és perquè en gaudeixin les criatures, sinó per posar-nos a prova a nosaltres: que si dilluns posa't el pijama, que si dimarts fes un pentinat divertit, que si dimecres porta maquillada la cara, i dijous, una sabata de cada.

Tot de complicacions i ordres que, a sobre, estan escrites en rodolí a l'agenda perquè ho hagis de desxifrar:

Dilluns vindràs i amb la inicial del teu nom alguna cosa portaràs.

I ja tens el merder muntat al grup de WhatsApp:

«Algú sap què vol dir, això?».

Opinions per a tot: que si una inicial enganxada al jersei, que si pintada a la cara, que si un objecte que comenci per la lletra del seu nom, que si una disfressa que comenci per H. I esclar... així no hi ha qui superi la típica hiperventilada que farà sempre una disfressa que causarà l'enveja de tothom i ens tallarà les ales de la creativitat.

També hi ha el dia que a l'escola es decideix que: «Avui s'ha d'anar mal combinat». Aviam, qui té criteri per decidir què és un modelet lleig o bonic? Si diem que estem educant les criatures en la diversitat i en la llibertat d'opinió... llavors com podem jutjar nosaltres si allò està bé o malament? Ja en tenen prou durant l'any, que han d'escollir roba binària, entre pantalons de nen o de nena, que només falta que per carnestoltes els ridiculitzem quan ells decideixen que alguna cosa no combina. Que el carnaval és un moment de llibertat! I per a nosaltres també. Per tant, no volem obeir ordres!

El divendres de carnestoltes és l'últim dia de calvari per a nosaltres. És el de disfressa temàtica, però ep!, amb concurs premiant la millor!

El que ens faltava! Crear competitivitat entre ells, que no en tenen prou amb tot l'any!

El drama el tenim a casa: a l'Aina li han fet una disfressa de volcà amb paper maixé entre la mare i el pare. Sí, esclar! Porten sense dormir tota la setmana amb cola calenta escampada per tota la casa i boles de paper inundant el despatx!

—Mira, nosaltres, carinyo, et comprarem una disfressa a la botiga del barri i afavorirem el comerç local. El brilli-brilli i les purpurines fan més fantasia per carnaval que no pas els papers de diari pintats a mà. On s'és vist!

És que les nits preferim aprofitar-les per sortir a putejar amb les amigues. Que potser som molt més males mares, però més felices també!

15 de febrer
Pubilles de hialurònics i vials

El manual de la bona pubilla diu que si vols ser una catalana de cap a peus et cal anar tres cops l'any a veure la Moreneta (quatre en cas d'emergència amorosa) i que per a l'autoestima, a part de la teràpia que hem de fer tots un cop a la setmana per superar els traumes que ens han deixat d'herència els nostres pares, també et cal visitar la doctora Lladó. Ja no en tenim prou d'estrenar roba, anar quatre cops al mes a la perruqueria i fer-nos les ungles cada vuit dies a l'Alma. Ara, passats els quaranta, també fem un parell de visites l'any a la Clínica Regenera, que vindria a ser la màgia de Montserrat en forma de vial, que, injectat al front, té més èxit que el *Virolai* dels diumenges.

Està clar que les autèntiques catalanes, les discretes i modestes de l'Ebre en amunt, mai escamparien als quatre vents que ens posem bòtox i hialurònic a raig, perquè això no fa d'assenyada ni d'envellir dignament, sinó que és de donota frívola i poc feminista. Però nosaltres, que no som creients, però anem a Montserrat a peu cada cop que ens concedeix un dels nostres precs, podem explicar-ho sense embuts. Estem fartes que ens criminalitzin, sobretot entre dones, per si ens passem vuit hores o vuit minuts davant del mirall, per si brillem gràcies a una bellesa natural o a una d'impostada. De preguntar-nos si hem passat pel quiròfan o si és natural. I la frase més preuada: «Les tetes són teves?». La nostra resposta és de traca: «Sí, les hem pagat al comptat, són ben nostres».

Cadascú des de la seva llibertat personal que faci el que li sembli bé per sentir-se millor. Que hi ha pubilles que amb unes pinces de les celles i uns sostens són felices? Doncs endavant! Que n'hi ha que necessiten quiròfan, pròtesis i extensions? Doncs som-hi! El que sabem és que totes, fins i tot la que jura i perjura que no s'hi mira, ens vestim per sortir al carrer, i això també seria estètica impostada si ens posem primmirats. No em vengueu que no sou unes esclaves de la bellesa; en tot cas, no ho sou tant com nosaltres. Si us renteu la cara amb aigua i sabó, us traieu les lleganyes i no us les llepeu, si us passeu un raspall i us vestiu amb roba... tot això també són canvis estètics, us ho mireu per on us ho mireu.

Per tant, desacomplexem-nos de dir que utilitzem bòtox, hialurònic o fils tensors, perquè són avenços de la tecnologia de la salut. I nosaltres si una cosa som és modernes. Sempre hi haurà la llesta que diu que el fa servir per a la migranya o per fer créixer els cabells.

Les punxades, els vials, les operacions, les sabates noves, les bosses de pell, les cremes depilatòries, les ulleres de sol... tot són elements que ajuden a crear una imatge, una identitat i a gaudir d'una autoestima de manual.

Volem anar en contra del pas del temps el màxim que puguem, que potser morim d'aquí quatre dies, i preferim fer-ho estupendes i amb una salut mental excel·lent. No volem viure sota la pressió d'eufemismes i amagant que fem servir tractaments de bellesa per no ser jutjades per les nostres amigues que defensen que envellir naturalment és més sa. Potser sí, per a la butxaca segur, però nosaltres volem seguir sent frívoles i no tenir bosses als ulls.

20 de febrer
El congrés de l'amor i la tecnologia

El Mobile World Congress és la fira ja per excel·lència de Catalunya. Milers de persones desconegudes campant pel país durant una setmana intentant comprar i vendre tecnologia. Una fira que per ara només és nostra, dels catalans, que ja n'hi ha prou que a Madrid ens ho vulguin fotre tot.

A nosaltres tots aquests xous ens encanten, que hi hagi moviment a la capital, que hi hagi overbooking als hotels, els restaurants plens, les vagues de transport... Bueno, això últim no, que no pot ser que just els dies que més ens lluïm al món, hàgim de fotre el pena amb congressistes que han d'anar d'aquí cap allà amb furgonetes privades. El transport públic munta la tangana el dia que pot fer més soroll. Espereu-vos a reivindicar i manifestar-nos en un altre moment, que les catalanes som solidàries i estem per la causa d'altri, però, coi, no quedem malament davant d'Europa. Fem-ho així com ho sabem fer a la catalana, sense molestar a ningú, sense ni un paper a terra i totes aquelles merdes de civilitzats dels Onzes de Setembre. Feu vaga una setmana abans o una després, però, carai, el mateix dia no, que ja tenim tots els *haters* esperant aviam quina cagada fotem i fent-s'ho venir bé per demanar el trasllat de ciutat immediat.

Però bé, el Mobile encara és nostre, així que creiem-nos-ho, que som els millors, que si no ens ho diem nosaltres, no ens ho dirà ningú!

Nosaltres, que som unes il·luses i generoses de mena, pensem que el MWC ha de ser la gran oportunitat per a l'amor i les relacions. Manegar parelles internacionals, intercanviar sexe entre països, estrènyer lligams amb l'estranger, gorrejar casa a Tòquio l'estiu vinent...

Congressistes venen a tancar acords empresarials i s'acaben enrotllant amb les catalanes... No us sembla la millor manera de per projectar un país al món?

El MWC s'ha convertit en la referència de la tecnologia, sí, però qui ens assegura que estigui ben aplicada al nostre dia a dia? Parlem d'intel·ligència artificial, de tecnologia al núvol, del 5G, dels avenços climàtics, de ciberseguretat... però seguim tenint una mancança en les relacions sentimentals, una falta de compromís en l'amor i en la responsabilitat afectiva. Que estem al 1914 de l'amor, coi! Nosaltres demanem des d'aquí que els estudis científics se centrin a detectar estafadors emocionals, no només a desenvolupar aplicacions per trobar el sexe o l'amor. Volem eines útils, que, de lligar, ja en sabem! Volem esperança amb persones valentes que encarin les relacions de tot tipus d'una manera adulta. Que les *startups* no només siguin perquè empreses, inversors, corporacions i institucions descobreixin, creïn i llancin nous negocis d'energies renovables o de teixits reciclables o de gossos que es passegen sols. Volem que siguin per fer un bé a la humanitat, per adreçar el nostre cor, que anem mancats de perseverança.

Volem un pavelló a la fira que només estigui dedicat a acabar amb la solitud catalana. Un annex al MWC, al costat del 4YFN, que sigui EL PAVELLÓ DE L'AMOR. Els catalans i les catalanes volem acabar amb la solteria amb decisió i fermesa, no volem més diumenges perduts de crispeta i manta o inventar-nos excuses per no anar al cine soles. Volem passar la resta de la nostra vida acompanyades o bé follant molt, però el que no volem és PATIR.

29 de febrer
Veure sèries ens farà lliures

És obligatori tenir a casa alguna de les plataformes en línia de contingut audiovisual: Netflix, HBO Max, Disney+, Amazon Prime, Apple TV o Movistar Plus. Com a mínim tres d'aquestes, per no ser un outsider de la vida. Perquè sí, llegir ens fa més lliures, segur, però mirar sèries no cansa tant i a sobre pots fer servir les dues mans per menjar crispetes, magrejar el manso o simplement per tocar-te la patata sota la manta estirada al sofà.

Abans, les nostres mares, pobretes, miraven meravellades merdes de sèries com *Las chicas de oro*, *Gent del barri*, *Dallas* o *Falcon Crest*... i així els ha anat, que el seu únic anhel és passejar-se amb quatre quilos de laca amb un descapotable per creure's que han triomfat a la vida.

Que els referents i els models a seguir han canviat no hi ha dubte! Sabíeu que les senyores de *Las chicas de oro* tenien la mateixa edat (a la ficció) que la Carrie, la Miranda i la Charlotte a *And just like that*? Entre quaranta-cinc i cinquanta llargs anys!

Nosaltres mataríem per un vestit de la Carrie Bradshaw i, en canvi, ens tallem les venes si hem de sortir amb les tofes de cabells blancs de la Betty White.

Nosaltres, gràcies a les sèries:

- Volem ser actrius de *Bridgerton* i que ens mengin el cony al mig d'una escala de cargol sense demanar-nos res a canvi.
- Volem que ens estimin eternament com el Derek Sheperd a la Meredith d'*Anatomia de Grey*.
- Volem poder-nos follar tots els tiarros de la feina com l'Addison a *Private practice*.
- Volem que ens empotrin com el pèl-roig d'*Outlander*.
- Volem ser independents i poderoses com l'Alicia Florrick a *The good wife*.
- Volem tenir la sororitat i la rebel·lia de les dones de *The Handmaid's tale*.
- Volem ser les dones importants de *Killing Eve*, sense necessitat d'un home que domini la sèrie.
- Volem que ens mengi la boca el capellà de *Fleabag*.
- Volem posar-nos unes calces i un jersei i lluir-ho amb la mateixa seguretat que la Carrie Bradshaw.
- Volem ser les estrelles de mons dominats per homes com la Beth Harmon a *Gambito de dama*.
- Volem arribar al *body positive* de *Girls* i tenir el caleram de *Gossip girl*.
- Volem que les nostres filles siguin l'Eleven de *Stranger things*, que no necessita cap heroi per ser rescatada de tots els flipats de l'escola.
- Volem ser l'Arya, la Cersei i la Daenerys a *Joc de trons* i tallar caps i polles i governar el món.
- Volem ser la Tokio i la Nairobi a *La casa de papel* i que ens quedin igual de bé els monos de color vermell.

Així doncs, queda clar que veure una bona sèrie ajuda a projectar somnis, a passar l'estona, i a sobre podem aprendre moltes coses. Com llegir, però en entretingut. Això sí, aquest llibre volem que us el llegiu fins al final!

Març

2 de març
Aneu a votar, cony!

Avui una de nosaltres ha arribat tard a casa perquè ha de complir amb l'after work que li ha receptat el Prunera, el nostre metge de capçalera. Si després de la feina anéssim directes a casa a fer el sopar, el cervell no se'ns descomprimiria i seríem encara més males mares del que ens voleu fer sentir tots plegats.

Tenir una vida pròpia més enllà del marit i les criatures és una cosa que encara ens passa factura, a les dones.

Així doncs, que servidora arriba a casa a les tantes, després de dos vermuts i quatre rialles amb les companyes i obra la bústia:

De cop deixo de pensar en la conciliació i una suor freda em recorre tot el cos, tinc un microinfart que em paralitza el cor.

És una carta de la Junta Electoral Central! No puc tenir tan mala sort, de debò, no em pot estar passant això! No la vull obrir, vull plorar! No recordava aquest pànic des de la darrera mamografia, que me la van fer abans d'hora perquè el meu ginecòleg va detectar-me un no-sé-què palpant-me el pit i jo ja estava acomiadant-me mentalment de tota la família. Que sí, que ja ho sabem que és un control rutinari, que és per protocol, que la detecció precoç salva vides, que el càncer ja no és el que era... però jo pateixo com una perra! Soc aprensiva, no puc evitar-ho. Un fibroma de merda em va fer ballar el cap tota la setmana.

I torno a la vida real veient que aguanto amb la mà una carta de la Junta Electoral.

I el meu cap comença a maquinar: i si la faig desaparèixer? I si la llenço a les escombraries com si no l'hagués rebut mai?

Les pubilles tenim una vida social molt intensa, podríem fer-los creure que no obrim bústies, ni tan sols som de les que remenem la correspondència. Potser cola! Però consulto Google al mateix replà de l'escala, lletra per lletra: «Què passa si no em presento a una mesa electoral?».

Cony! Multes de més de 3.000 euros, antecedents i fins i tot risc de presó! He vist massa vegades la sèrie *Orange is the new black* per arriscar-me ara a entrar a un centre penitenciari. Però encara seria pitjor haver de pagar! Que tinc la Visa que treu fum des dels regals del Nadal i del bolso de Zadig&-Voltaire que em vaig comprar el mes passat. Faig càlculs i sumo: si no m'hi presento, més el que dec al banc, més la hipoteca..., calculo que no em recuperaré fins al proper trimestre!

Decideixo plantar cara a l'assumpte i encarar la vida com a bona pubilla de cuixa forta que soc.

Doncs sí, el primer cap de setmana de maig hi ha eleccions i, efectivament, m'ha tocat estar a la mesa. Mai en ma vida m'havia tocat res, ni la panera de la xarcuteria del Mercat Torner, ni la participació del bàsquet del meu fill, ni un trist sorteig de merda d'aquests que fan les *influencers* a Instagram. Estic segura que els falsegen i els reparteixen entre les seves amigues. Per no tocar-me, no em va tocar ni el ros d'ulls blaus que durant dos estius al Port de la Selva es va embolicar amb totes les meves amigues. Jo i els sortejos mai hem congeniat. I ara, quan la vida ja em tenia avesada a ser la fracassada de l'atzar..., va i em toca ser membre de la mesa electoral. És tot un desastre! Jo els diumenges no matino, mai, els meus bioritmes no m'ho permeten, ni tan sols per anar a la muntanya a buscar bolets, ni per pujar a esquiar a Port Ainé, ni per escapar-me a S'Agaró a prendre el sol, ni per veure el partit d'hoquei del meu nebot. Si mai em trobeu desperta de matinada és perquè encara no he anat a dormir, que per sort com a molt hauré lligat amb un manso que he conegut al concert de The Tyets. O bé perquè haurem decidit amb les Perres anar a veure la sortida del sol a la cala on de joves ens rebregàvem amb l'holandès.

A mi els diumenges no m'espereu abans de la una per fer res, excepte que sigui per esmorzar un bon vermut de Reus i unes patates Coromines a la rambla de Badalona. I ara es veu que em volen a les vuit del matí a l'escola dels Salesians, on hauré d'aguantar tot el dia veïns que ni tan sols saludo quan me'ls trobo a l'ascensor. Mateu-me!

Necessito trucar a alguna de les putes *celebrities* per desfogar-me i no acabar fotent-me vuit lexatins.

Assumida la desgràcia, només em queda pensar quin *outfit* portaré, que pringada sí, però diva, també!

11 de març

Festa infantil; mateu-me!

Sona el despertador, miro el mòbil i veig que tinc 363 missatges sense llegir de WhatsApp. No he sortit del llit però m'afanyo a llegir en diagonal, no fos cas que l'hagi palmat algú, amb aquesta insistència.

Sí, abans d'aixecar la persiana per comprovar si torna a ploure ja estem amb el mòbil als dits, no podem no mirar-lo abans de rentar-nos les dents o dutxar-nos. Sabem que estem bastant enganxades, tranquil·les, no cal que ens ho digueu. Les emergències més grosses sempre són les històries amb les quals ens han trencat el cor i s'escriuen de matinada perquè les que hem anat a dormir d'hora ens ho trobem l'endemà, que estarem més fresques per donar el nostre parer.

Dels 363 missatges, sis xats: una conversa llarga al grup de «Perres», que tenien insomni, res rellevant, cap desgràcia. Envio un petó amb cor, que això sempre funciona, i obro el següent xat. Missatge de quarts de tres del futbolista de segona regional amb qui vaig follar com si no hi hagués demà fa més de vuit mesos en una presentació d'un curtmetratge d'un amic en comú. El típic missatge Tomahawk que algú envia quan porta més de dues ratafies i vol sexe. Ni li contesto. Segueixo: un rodatge que havia de fer aquesta tarda, anul·lat.

I l'últim: oh, no! No pot ser! Una mare de l'escola ha creat el grup «Festa aniversari Pol».

Si els dilluns ja d'entrada són una merda el meu s'acaba de convertir en el pitjor de la dècada. Hi ha dues coses terrorífiques per a les mares: organitzar la festa d'aniversari de la teva canalla i que et convidin a la d'un amiguet de la classe.

Durant tota l'etapa d'educació infantil i primària, la teva agenda de caps de setmana queda paralitzada per tots els aniversaris de la classe i els dels cosins. A nosaltres quan érem petites mai ens van fer cap festa com les d'ara. No recordem ni haver bufat les espelmes dos anys seguits. Que segur que ho fèiem —no creiem que els nostres pares fossin tan cruels—, però el cert és que ni ho recordem ni en tenim fotos que ho certifiquin.

I ara, el que fem totes nosaltres per resoldre aquests traumets infantils és paralitzar el món cada cop que les nostres criatures fan anys, no fos cas que als quaranta no se'n recordin! I aquí entra el *countdown* oficial, invitacions, milers de regals dels pares i germans preparats, una festa inoblidable amb globus, platets i jocs a conjunt. Un pallasso o un mag per a la festa, com si tenir els teus amics no fos suficient per distreure's. Uns inflables a mitja tarda i, alerta!, un regal de record per a les criatures quan marxen cap a casa: txutxes normalment. Una cosa que no s'havia fet a la punyetera vida! Sortir d'un aniversari amb regal per als convidats.

I mireu, si es paralitza el món per a la teva canalla... encara! Però que el Pol faci anys d'aquí a vint dies, tant me fa, que jo tindré quinze dies de malson absolut per culpa d'aquest xat.

La seva mare, la Maite, a les set del matí ha creat el maleït grupet amb totes les mares de la classe perquè vol que l'aniversari del seu nen sigui l'esdeveniment de l'any. I diem mares perquè aquesta mena de xous infantils encara tenen biaix masclista, només posen al grup les mares i els pares separats.

(Us hem de dir una cosa que no sabeu: els veritables esdeveniments són sense criatures ni marits ni dones. Es fan amb un gintònic o dos i lluentons...).

Doncs tenim una ludoteca llogada i hi estem tots convidats d'avui en vuit, un dissabte, a les putes dotze del migdia. Quina merda d'horari és aquest? Suposo que era més barat i ha pensat: «Bah, que el nen estigui content encara que la resta de pares m'odiïn!».

Un dissabte al migdia és hora de prendre una canya amb unes escopinyes i salsa Espinaler amb algun hípster barbut i no pas amb aquelles mares vestides de monitores de l'esplai del barri.

El grup comença a activar-se. Respostes automàtiques plenes de falsedat: «Ai, que bé, compta amb el Biel», «Compta amb l'Arnau», «La Martina també vindrà», «El Quim no s'ho perdria per res del món», «Que contenta s'ha posat la Noah». Àudio del Guim: «Gràcies, Pol, per convidar-me...».

I a mi m'explota el cap, perquè després d'això, aquest grup no pararà en tot el dia. Jo callo, ja respondré demà, pesades!

Però si per un moment he pensat que això era el pitjor que em podria passar avui, de seguida la mare del Miquel crea un altre grup: «Regal aniversari Pol». Ja ho tenim. Voleu matar-me? El silencio directament. Ni contesto. Només faltaria que em toqués a mi comprar el regal del nen. Preferiria arrencar-me les ungles dels dits petits dels peus. Seria menys tortuós. Vaig a dutxar-me i a intentar remuntar aquest dilluns de pena.

24 de març
Vestiu bé!

Vint de març, arriba la primavera i toca fer canvi d'armari.

Que Catalunya som un país que té de tot ja ho sabem: mar, muntanya, llacs, volcans... Que som diversos i divertits, també. Però el que no sabem és: que no vestim bé!

Hem d'anar a algun acte fora del nostre ambient habitual i ja no sabem què posar-nos! Les dones sempre acabem vestint de negre, aquella falsa creença i la tonteria que estilitza, aprima i queda bé amb tot. I els homes reaprofitant de la comunió dels nebots sense corbata i la vora dels pantalons per fer.

Nosaltres, que som unes acomplexades i amb el cap ple d'estereotips que ens han fotut amb calçador, només busquem la manera de veure'ns més primes i més altes.

Obriu els armaris i veureu els vostres errors: negror i foscor. I si alguna cosa és de color, és el mateix jersei negre però en vermell. La gran cagada estilística: quan una peça us agrada, us la compreu igual però en diferents colors. Us penseu que la resta del món pensarà que innoveu molt? No, senyora, va igual cada dia però de colors diferents. La gran inseguretat de moltes catalanes de no saber ni voler experimentar. La moda és art, és provar, disfressar-se, ser qui ets o qui no ets si et ve de gust.

Un altre drama de l'armari és que no podeu acumular

roba perquè sí, pensant que us la podreu posar més endavant, que aquella merda us tornarà a passar pel cul i que us agradarà portar-ho d'aquí a sis anys. Oi que no hi ha ningú que guardi res per a quan s'engreixi? Doncs per què ho feu pensant que us aprimareu? Només guardeu la que us pugui frustrar i generar més ansietat. I l'ansietat us fotrà fartaneres a mitjanit.

Seguiu acumulant roba que no us va bé perquè teniu fe... I sabeu què passarà? Que d'aquí a juliol no perdreu ni un gram. Primer, perquè no us fa falta. El que us fa falta és engreixar l'autoestima i el valor. Com que no us aprimareu, seguireu guardant roba vella, amb el persidecàs i acumulant brossa a l'armari que no us posareu mai. A menys que tingueu un disgust amorós, no hi ha cap entrenador que us faci perdre deu quilos en sis mesos.

Penseu que un dia us podreu posar totes aquestes peces, però és millor que les regaleu a gent que ho necessita. Això és donar-los una segona vida i renovar energies, que tanta falta ens fa. El *flow* queda estancat a l'armari si guardes roba anys i panys plena de pols.

Regaleu, transformeu i envieu-la ben lluny. Si perdeu cinc quilos, el que us vindrà de gust és comprar-vos roba nova, i ho sabeu.

I amb tot aquest drama truqueu a assessores d'imatge que us solucionin els problemes de vestimenta. Tot i que primer hauríem d'arreglar les inseguretats, desfer-vos del passat i passar pàgina de vida d'una vegada.

Us convido a fotre foc a l'armari, a llençar tot allò que no us serveix, a fer renovació. Això us l'omplirà d'alegria i d'autoestima, que és del que anem tots mancats. Més amor propi i menys Zara, amigues!

30 de març
Ho celebrem tot!

Les pubilles de cuixa forta som poc creients, no recordem l'últim cop que vam anar a missa i no donem gaire crèdit a tot això de les religions. Ara bé, una altra cosa és com ens agraden les festes de tradició cristiana! Adorem la Moreneta, celebrem Nadal, Reis i veiem la Setmana Santa com l'autopista directa a les vacances.

Nosaltres som de pecar bastant, d'aquelles que avergonyeixen qualsevol comunitat religiosa; els nostres preferits són els vicis més bàsics. Ja sabeu que si hem de triar entre el sexe dins de la parella o la luxúria incontrolable amb la rossa de Camprodon, ens quedem amb la segona, a menys que s'hi vulgui afegir la parella i llavors ja en parlarem. Si hem d'escollir entre un dinar de diumenge tranquil a casa dels sogres o menjar-nos uns natxos porquíssims i beure cervesa un divendres a la nit amb les amigues, ja no cal que us ho diguem amb quina ens quedem: amb la de la golosia. Preferim no conformar-nos amb un piset a Poblenou ni controlar els nostres estalvis a canvi de l'avarícia de passejar-nos amb un Tesla nou acabat d'estrenar.

Volem també quedar-nos cada cap de setmana fent mandres al llit fins a l'hora de dinar abans que llevar-nos per sortir a córrer. Que si no podeu dormir deu ser per remordiments, vosaltres sabreu!

I si hem d'escollir entre controlar les nostres emocions durant les discussions o bé liar-la parda per desfogar la nostra malícia, doncs triem l'empipamenta desaforada i ens estalviem tres sessions de psicoteràpia, que sempre va bé alliberar tensions.

També ens morim d'enveja quan ascendeixen aquell inepte en comptes d'alegrar-nos perquè sabem que els dos testicles li han facilitat la vida.

I no, tampoc som modestes ni simples, i preferim sortir al carrer amb talons de pam a menjar-nos el món plenes de supèrbia i glamur per sobre de totes les coses.

Som paganes de cap a peus, caiem en tots els pecats capitals i encara seríem capaces de crear-ne de nous. Si fóssim al segle XV ens cremarien per bruixes.

Així que avui comença Setmana Santa, i sí, fem vacances. Tot i que no som creients i no sabem ni què es fa per Dijous Sant ni anem a beneir la palma, ens agafem aquells dies de vacances com si fos l'esquena d'aquell tiarro de metro vuitanta, ulls blaus i llavis melosos i ens hi entreguem amb tota la nostra ànima. No fem cap mena d'escarafall als dies que la cristiandat ens ha regalat per poder-nos tocar la figa sense ni tan sols haver d'anar a missa. Celebrem tots els festius que toquen, sabent de sobres que no anirem al cel, però que, en qüestions de festa i alegria, no ens guanya ningú.

Això sí, si un dia ens lluïm de debò és el Dilluns de Pasqua, a Catalunya tot el que sigui arreglar-ho amb menjar, ho sabem fer de collons. Sempre, però, complicant-nos l'existència regalant mones i ous a filloles i fillols.

Ja sabem que a la família sempre tindrem la cunyada abnegada que s'ho fa venir bé per ser la millor padrina del món. Fa la mona ben cuqui, amb farina de no sé quin cereal, ecològica, orgànica i sense sucre. El més sorprenent és que s'aguanti dreta i esponjosa i no sigui un totxo com ens hauria quedat a nosaltres. També tenim el padrí hiperventilat del poble que busca l'ou més gros i més farcit per quedar primer en el rànquing familiar. I nosaltres el maleirem els mesos següents perquè tindrem xocolata a trossets dins d'una carmanyola fins ben bé Tots Sants.

A nosaltres no ens han fet mai padrines de ningú, gràcies a Déu. Els pares i mares del nostre entorn saben que els serem molt més útils durant l'adolescència, que a fer de tietes enrotllades i modernes hi tenim molta més traça. Però ja us avisem a totes des d'aquí: no ens foteu padrins als nostres marits, que a casa són uns rates, sí, però fora d'aquí són els més generosos. Si voleu homes detallistes i amb pasta busqueu-vos-en un per a vosaltres, que els nostres s'han gastat mig sou amb les vostres criatures. I gastar en pollets gegants de xocolata de colors i plometes és llençar els diners; la meitat acaba a la brossa, i l'altra meitat en un llit d'urgències en forma d'empatx o bé rostida pels cucs del rebost de la iaia. Aquests diners són malaguanyats; el dineral que ens gastem en els nebots, abans que destinar-lo a mones de princeses maltractades de Disney, serien més útils si els invertíssim en un abonament de deu sessions de radiofreqüència. Menys sucre per als nens i més moixaines per a mi, que els he parit jo!

Abril

10 d'abril
I aquest estiu, què?

Arriba el 10 d'abril. Ha passat Setmana Santa, que enguany queia més aviat i ja estem amb l'estiu al cap. Això que no hi hagi els dies festius fixos en el calendari ens provoca ansietat. Hauria de ser com Nadal i Cap d'Any, que sempre cau el mateix dia. Hauríem de fer un referèndum. Bé, potser no, val més que ens ho imposeu i llestos! Que ja sabeu que els catalans sempre surten escaldats dels grans actes de preguntar i votar. Poseu-nos per decret llei que cada any les vacances de tothom caiguin en un dia concret i així planifiquem els viatges i dies d'encolomar criatures amb temps.

Doncs això, que ja estem al maig i ja hi ha gent que té les vacances d'estiu encarregades, pagades i bloquejades.

Estem fartes de la competència entre amigues a veure qui va més lluny i qui tria el destí més exòtic. D'uns anys ençà, gràcies a la pandèmia, es va relaxar la lluita per demostrar qui havia ingressat més durant l'hivern. Nosaltres que som autònomes i dones sabem a què ens referim. Aquelles ganes de fotre un trimestre de puta mare que dobli els ingressos dels nostres marits i tirar-los per la cara que, a més a més d'anar a buscar la canalla a l'escola, estem trencant amb el cony de bretxa salarial de la unitat familiar.

Arriba el dia d'aquella temuda reunió familiar amb la pregunta: «Què hem de fer aquest any per vacances?».

Pensar el pla perfecte per a la canalla tenint en compte que ja tens un adolescent, un senyor que no li agrada gastar gaire, una que li fa angúnia la sorra, un que no vol sol i l'altre que es cansa pujant muntanyes.

Sempre pots afegir-te al pla dels de la classe que aquest any han tingut la magnífica idea de viatjar junts, allò que es fa perquè la canalla es distregui. Viatjar amb gent que no és de la teva unitat familiar és una esbatussada segura. Si ja és difícil aguantar la teva parella durant el viatge i la teva pròpia filla preadolescent, imagineu-vos aguantar la família dels altres! Que no pots renyar ni castigar. I ja sabeu la típica frase que sempre funciona: «El meu fill això no ho fa», quan saps de sobres que l'has vist intentant arrancar el cap al teu d'un placatge. Doncs això, que ens reunim per decidir i acabem sense cap mena d'acord i tothom tibant cap a la seva banda.

També n'hi ha que passen vacances gorrejant els apartaments i les segones residències dels sogres. Aquest tipus de gent haurien de pagar més impostos per cobrir despeses de la seguretat social, perquè carreguen els nostres avis de feina i després passaran tot el setembre ingressats per lumbàlgia. Són dels que els han deixat les criatures tot el juliol en comptes de pagar casal i a sobre ara passaran les dues últimes d'agost a la casa de Roda de Berà amb la jove, el gos, la cunyada separada i el consogre vidu. Les grans damnificades de les vacances d'estiu són les pobres matriarques catalanes, que es passen l'estiu cuinant i cuidant la gent a pensió completa. Elles sí que es mereixen que els planifiquem les vacances, però al setembre, no sigueu rates i regaleu-los una estada de quinze dies en un spa de luxe, que s'han passat tot l'estiu sense baixar a la platja perquè tinguéssiu a punt la paella quan tots torneu cansats d'estar tot el matí espatarrats a l'hamaca.

23 d'abril
Sant Jordi!

Sant Jordi ja és aquí! Quina meravella de festa que tenim a Catalunya, cony!

És cert que la llegenda del militar salvant la princesa és una merda i l'intentem modernitzar cada any amb relats que se'ns compliquen.

Però les catalanes hem sabut aprofitar la tradició i reinventar-la: amor, cultura i país en un sol dia. Una meravella de dia que només saben espatllar les xarxes socials, per amargar-nos i competir.

De bon matí entres a Instagram i ja és una lluita per veure qui penja la rosa més original, la més cara, per saber qui ha regalat més llibres i qui posteja la foto més romàntica amb el seu marit, nòvio, nòvia, novi o gall d'indi.

Nosaltres ens passem el dia de Sant Jordi enviant-nos pantallades de parelles amigues o conegudes per riure. Ja tenim l'amiga de cada any amb la seva parella i la rosa traient el cap enmig d'elles dues i la frase: «Per molts Sant Jordis juntes». Vomitera de tralla, nena! Però si sabem que t'estàs follant el company de feina des de fa quatre mesos i que ella li ha comprat la rosa entre semàfor i semàfor abans d'arribar a casa!

Ai sí, pengem-ho com si fóssim les úniques, que segur que

despertem enveges. Mira, no, el que feu és el ridícul, que ens coneixem tots.

Ens han fet creure que la Diada és com el Sant Valentí català i sembla que hàgim de fer veure que en l'amor tot s'hi val. L'única rosa que ens va fer tremolar és la que ens va regalar per primera vegada el nostre *crush* o la que vas trobar penjada a la porta dels pares quan tenies quinze anys. Però que vam acabar descobrint que havia passat també pel quart segona, a donar-l'hi a la veïna que havia conegut el mes anterior pel Tinder.

No us cregueu res de l'amor. Com quan et diu que amb tu ha viscut la nit més intensa de la seva vida, i també t'ho creus. L'oxitocina ens juga males passades, amigues, i ens fa creure les mentides més absurdes. Avui dia l'orgasme més fort ens el pot donar un tros de plàstic endollat a la tauleta de nit.

El sexe, l'amor, les hormones ens ennuvolen tant la ment que ens perdem. Per sort tenim el grup d'amigues que ens fan de tant en tant de túnel de llum. Amigues que hi són sempre, una vegada i una altra, per dir-te que no et flipis, que t'estan estafant, una vegada més.

Que t'hagi presentat a mitja família, parli de «nosaltres» i feu plans els caps de setmana et donaria pistes per saber que estàs emparellada oficialment per celebrar Sant Jordi. La festa la gaudeixes igualment però, com tot, sense intensitat, sense sorpreses. I quan aquella persona ja t'ha portat la rosa de vint-i-set maneres diferents i vint-i-vuit llibres que no et llegiràs, només esperes que la planta mori ràpid per no haver de veure gaires dies aquell gerro sobre el teu moble nou del menjador.

Per sort ja ens hem tret del damunt la història que les roses eren per a les dones i els llibres per als homes, perquè si una cosa som les catalanes és modernes i progres. Hem superat allò que tenim els catalans de quedar-nos a casa recollits i empetitits. Per Sant Jordi tot són festes al carrer, paradetes, gent, música... i per fi un dia que ens fem grans i ho demostrem. I no deixem de fer-ho, perlamortdedeu, perquè tenim els de Madrid amb la Feria del Libro que no paren i amb unes ganes boges de robar-nos-ho. Com si nos ens robessin prou, els malparits! Sant Jordi i els llibres són nostres, feu xotis i San Isidros i deixeu-nos en pau!

Per Sant Jordi les pubilles en arreglem, agafem la canalla i les parelles i sortim a comprar llibres com si s'acabés el món. Aquell senyor que t'acompanya no té esma de dir-te la mandra que li fa, però calla i s'arrossega i fins i tot fa bona cara quan li regales un llibre. Tots dos hem après a dissimular que sabem que no s'ha llegit el de l'any anterior i que acabes triant el que t'agrada a tu. Però tant ens fa, que s'aguantin! La quantitat d'orgasmes que fingíem de joves quan ens iniciàvem en el sexe perquè ara no ens puguin donar aquest petit plaer! Un cop ja has comprat el nou de la Sílvia Soler, el del Rafel Nadal i el d'alguna escriptora novella que et crida l'atenció... penses en tots els llibres que escriuen els polítics. Malaguanyats! Són els nous escriptors mediàtics i la seva compra funciona com la dels CD dels cantants que t'agraden. Has perdut el criteri per valorar la qualitat narrativa, els compres perquè n'ets una fan, combregues amb les idees. Quina mandra! Jo els cremaria tots! La propaganda deixem-la per a un altre dia. Avui toca fantasia, ficció, poesia, il·lusió, invenció, somni, erotisme... i acabar amb llàgrimes als ulls quan veus la teva filla rebent la rosa i el llibre que li ha comprat el seu pare. Per un cop a la vida, creiem en l'amor etern i ens tornem unes putes fleumes de llagrimeta fàcil, i ho postejarem a Instagram amb una frase bleda que ens convertirà automàticament en aquelles que acabem d'esquarterar.

25 d'abril
Som cuidadores?

Digue-li terrassa, pati o jardí, digue-li balcó o celobert. Un cop passa Sant Jordi sembla que ja toqui decorar la casa amb elements de primavera. És com l'endemà de Tots Sants, que la canalla et rebenta la porta del menjador entrant a correcuita amb les caixes de decoració nadalenca.

Abans, les estacions de l'any i els festius els marcaven els equinoccis i el calendari gregorià, però, ara, qui decideix la temporada d'esdeveniments és Port Aventura. Quan ells treuen els morts de Halloween, encara que sigui 1 de setembre, tu ja pots anar coent castanyes.

La canalla és intensa i TikTok ha fet molt mal. I ara tenim preadolescents que compren tot el dia merdetes de decoració al Shein, que sembla que estiguin en una competició perpètua aviam qui té la casa més cuqui de tot l'institut.

Així que el 2 d'abril ja toca fer primavera, farem neteja de plantes mortes que tot l'hivern que ens demanen l'eutanàsia a crits i anirem a comprar plantes per decorar el pati. Podria ser un capítol ben frívol de la nostra vida, i ho és, no us ho negarem. Podríem ser discretes i austeres i no explicar que tenim un espai obert de ca l'ample a casa, però com que som autònomes, treballem en quatre o cinc feines alhora i escrivim aquest llibre durant les hores que vosaltres us dediqueu a dormir, ens mereixem les nostres terrasses, els nostres patis, i fins i tot us diríem que encara ens semblen petits pel fart de treballar que ens fotem.

Però la qüestió seria deixar els espais endreçats i florits dignes de quatre *stories*. Perquè, desenganyem-nos, les vostres putes cases de foto no tenen canalla menjant cereals sobre el sofà ni catifes trepitjades amb la mateixa sabata del carrer. Teniu cases només per fer fotos o bé viviu tots amuntegats a la cuina, i el menjador només és per als diumenges o els àpats de festa major, una cosa que només entendreu les que sou de poble.

Quan comprem plantes en una botiga ens sentim com si estiguéssim comprant un nadó d'un ventre de lloguer. Jo em sento incapaç de plantar llavors, i encara menys de fer-les créixer. Per tant, que m'ho donin fet, com qui fa un *surrogate mother*, i jo només hauré de regar i pagar extraescolars. Farem visita a la Laia Claramunt, que ens les dona verdes i boniques.

Tenir una planta nova i dur-la fins a casa és el més semblant a quan et donen la criatura a l'hospital acabada de parir i t'envien a casa. La tens als braços i creus que la mataràs en qualsevol moment per descuit, tornant cap a casa, quan no t'atreveixes a posar-la dins del cotxe ni a conduir perquè portes vuit punts al cony i t'han de portar. I pateixes perquè amb un cop de volant no la desnuquis o es mori de gana entre semàfor i semàfor. I quan ja comença a empassar només penses a aprendre la maniobra de Heimlich per si de cas li queda el crostó del pa entravessat.

Tenir fills i plantes és una responsabilitat que no hauríem de deixar en mans de qualsevol. Oi que hi ha gent que no és capaç ni de cuidar un cactus? Els que els passa això ho saben i compren plantes de plàstic a l'Ikea. Doncs això traspassemho a tots els àmbits de la vida. La maternitat està sobrevalorada i potser podríem viure perfectament sense ficus ni criatures. Però les dues coses decoren la casa i el nostre àlbum. Ens han fotut al cap en calçador que hem de tenir una vida idíl·lica, que els matrimonis duren per sempre, i celebrareu Nadal tots asseguts a la mateixa taula amb els fills i els nets.

Nosaltres som mares i cuidadores de plantes i no fem bé ni una cosa ni l'altra, però som bastant felices. Ens han enganyat amb la maternitat de Disney i amb el romanço que el més bonic del món és alletar una criatura durant tres conys de mesos de la teva vida. Que ara volen que alletem tres, sis o catorze mesos perquè les tetes ens arribin a terra, els mugrons semblin de suro i la nostra vida amorosa, laboral i sexual quedi reduïda a la inexistència més absoluta. I no, amb la maternitat és cert que guanyem moments de felicitat, però perdem vida, molta vida. Aquella vida individual que ens deixava anar al cinema sense necessitar un cangur. Ara per anar a passar el dia a Besalú has de parar a l'AP-7 divuit vegades perquè la criatura vomiti. I no pots fer la migdiada sense sentir la canalla cridant com truges perquè estan jugant al Fortnite.

I sobretot, amigues, folleu i crideu de plaer sense patir per si acabareu traumatitzant la vostra filla que mig dorm a l'habitació del costat.

Ens agradava no ser mares, molt. Ens agradava llegir un llibre tranquil·lament mentre preníem el sol a la platja i no havíem de vigilar si s'ofeguen els nens amb l'unicorn inflable que els acabes de comprar. També enyorem quan arribàvem a casa i no fèiem el sopar perquè no teníem gana... i ara ens hi veiem obligades! Una mare no pot saltar-se un àpat d'un fill! El dejuni intermitent ha vingut a salvar-nos la vida, que diuen que és tan sa.

Volem anar d'after work sense haver de córrer a portar la

canalla a rugbi. Acabem canviant la cervesa amb els de la feina per un te verd amb les mares que esperen pacientment que passi l'hora d'entrenament de les criatures. Pot ser més deprimient, el canvi? Que sí, que ens estimem molt la nostra canalla, que quin amor tan gran i que són el millor de la vida i bla-bla-bla... però no sigueu plastes, que això no sigui l'únic de la vostra vida. Després arribarà la menopausa i no estarem deprimides només per culpa de les hormones, sinó també per la merda que haurem viscut durant la maternitat. I per la culpa d'haver-ho fet tot malament.

27 d'abril
Rosaaaaa d'abriiiiiiil, morena de la seeeeeerra!

El 27 d'abril se celebra la festa de la Mare de Déu de Montserrat, i ens direu… però si no sou creients! Si no aneu a missa! Si no heu anat ni a una escola religiosa, com podeu frisar per celebrar un dia així?

Doncs perquè la Moreneta per a nosaltres no pertany al cristianisme, ni a cap religió, és un símbol català que presideix una muntanya màgica i preciosa que ens protegeix a tots els catalans.

Oi que us peta un cable?

Doncs a nosaltres no! Ens agrada anar-hi tres cops l'any, quatre si és molt de necessitat. Veure-la, posar-li un ciri i agrair-li allò que ha fet per a tu en l'últim prec. I direu: i li reseu? No, senyores! Tenim un goig molt bonic que ens hem adaptat i l'hem fet ateu. Per donar-li gràcies per la protecció i la benedicció.

Ep! Hem dit «benedicció», que és una paraula religiosa. Aix, ens heu enxampat!

Sí, som unes devotes de la Mare de Déu de Montserrat sense creure en Déu, en cap religió ni en resar a ningú.

Ens agrada saber que va ser ella qui ens va enviar els aiguats que necessitàvem quan la sequera arrasava el país, o que va enviar-nos aquell herpes genital quan va creure que ja n'hi havia prou del tarat que ens estava fent ballar el cap. Si no, no s'explica.

Però també tenim una sèrie d'amigues que se'n riuen i no creuen en la nostra devoció quan diem que ella tot ho arregla. Però eps! Sempre s'apunten al pla quan pugem a Montserrat amb l'excusa de fer esport, menjar una mica de mató amb coca i gaudir de les vistes. Nosaltres, però, que som unes pro, tenim el dia ben planificat.

Pugem al matí, aparquem ben d'hora a Monistrol, agafem el cremallera perquè una de les dues té claustrofòbia i si agafés l'aeri tindríem un sidral de ben segur. I anem directament a missa, ens quedem als bancs del final, a vegades dretes, i només en el moment de sentir el *Virolai*, emocionar-nos com unes pàmfiles i fer la cua per pujar a la Moreneta. Arrosseguem família, marits i tothom a qui hàgim pogut enredar, li fem les nostres peticions, li donem les gràcies, se'ns tornen a humitejar els ulls i avall. Tornem pel túnel de les espelmes, n'encenem cinquanta mil per totes les que no hi creuen, però «ves, ja que hi vas, encén-me'n una i ja te la pagaré». I es paguen, sempre! Que si no, no funciona, la Mare de Déu de Montserrat s'emprenya i no la vulguis tenir de cul...

Després passem pel lloc de les ofrenes i li portem algun objecte relacionat amb l'agraïment d'allò que ens ha concedit en la visita anterior. Acabem fent pícnic, l'excursió promesa a les que només li demanen deixar de comptar calories i comprar quatre medalletes per a tots els amics i coneguts.

I això ho repetim cada tres mesos. Us sembla estrany, oi? Doncs per a nosaltres és terapèutic. De fet, sempre hem dit que la muntanya hauria de tenir un hotel de luxe, algun spa o centre de benestar que es pogués compaginar amb aquesta espiritualitat que s'hi respira. «Massatges, tractaments facials i miracles en un entorn únic i màgic» seria un reclam més bo que qualsevol hotel de cinc estrelles del país. Meditar en una muntanya on s'hi han vist ovnis, rentar-te la cara amb l'aigua beneïda, sentir els cants i les campanes de fons mentre prens un bany termal. Jo no entenc com cap empresa no s'hi ha llançat de cap.

Nosaltres seríem les primeres d'anar-hi a fer un retir, que ara per ara hi ha massa homes i l'ambient no és de fiar.

Maig

3 de maig
A l'església, l'oració, i al llit, la funció

Hauria de ser delicte que encara es facin comunions. Bé, hauria d'estar penalitzat que es faci ostentació i que es parli amb normalitat d'una cosa tan terrible com obligar les criatures a passar per un ritual religiós. Un que ens fa creure que les senyores vam sortir d'una costella d'un senyor. Vestir criatures engominades amb vestits de núvia escapçats i trajos minúsculs sense respectar el gènere també hauria de ser presó no revisable. Això sí, després foteu el crit al cel quan la canalla escolta reggaeton perquè és sexual, però vestiu els nens perquè prenguin el cos de Crist i es confessin dels pecats.

Us explicarem un secret: una nena de vuit anys no pot haver comès cap pecat. I de trenta-vuit tampoc. Excepte que siguis una assassina en sèrie.

El més gros de la comunió no és només el dia, la celebració i tota la litúrgia que s'ha de seguir, sinó els dos anys que han de fer catequesi! On t'ensenyen... què? La bondat divina? El respecte? Això ja ho fem a casa i a l'escola pública sense els evangelis a la mà.

Ja em direu com expliqueu tot allò de la creació del món i l'evolució de les espècies sense fotre-us en un fangar de ca l'ample. Qui imparteix aquestes classes? Capellans? Ai, que també us explicaríem quatre coses...

Ens diuen pel pinganillo que hi ha pares que no són creients, però que els fa il·lusió que la canalla faci una festa així i que ho hem de respectar. També els podeu portar al Tibidabo, al zoo o pagar un dinar amb gimcana inclosa a tots els de la classe, ja veureu que també tremolen de l'emoció i sense el risc que cap capellà vulgui tocar-los les cuixes.

Com és que us fa il·lusió si no aneu missa i dieu que no creieu en Déu? Si voleu màgia i miracles aneu a Londres a veure el Harry Potter, que us sortirà més car, sí, però us estalviareu uns quants traumes.

El que més ens mola a nosaltres és veure els looks de les mares, que ja hem quedat que als nens els heu subornat perquè no n'hi ha cap que vulgui fer res si no és a canvi de regals i amics amuntegats en un inflable. Les mares intenten anar decoroses, que a missa s'hi va tapat. I ploren d'emoció perquè serà l'últim dia que aniran a l'església... Això sí, fins que toqui tornar-hi per casar un fill, que ja ens direu què és aquesta punyetera nova moda d'ara de fer-ho tot *portodoloalto*, de blanc i finsquelamortussepari.

Nosaltres aquell dia, el diumenge de comunions, ens posem amb un bol de crispetes al banc de fora la plaça, per repassar els looks de tota la família. Senyors pringats amb trajos reaprofitats del seu casori, vores per fer i mànigues a «set saques», corbates amb estampats que ells es pensen que són moderns però que fan el ridícul. I elles ben decoroses, però nosaltres sabem com va acabar la reunió de l'AFA, amb birres al bar del costat i refregant-se sobre la barra. I ara, faldilla fins a mitja cama, mitges de color carn, que encara refresca, i rebequeta per quan pugi la marinada. Això sí, de bracet amb el marit, que pensin que després de disset anys encara follem cada dijous quan tornen piripis del bar. Perquè elles no s'entrompen ni s'emborratxen ni vomiten a la tassa del vàter.

Elles es mullen els llavis amb cava i ja van eixorivides cap a casa.

Això sí, les criatures, a missa, a redimir els seus pecats i a rebre el cos i la sang de Crist.

7 de maig
De professió? Liberal

El maig és el mes que les titiriteres comencem a hiperventilar. No tenim feina fixa ni en volem, fa anys que no estem lligades a ningú i ja en tenim prou de compartir hipoteca i canalla amb el senyor que dorm al nostre costat. De lligams, n'anem servides, i no ens interessa cap altre compromís. De fet, no ens interessen les rutines perquè no volem llevar-nos caaaaaaaada dia a quarts de set, no volem haver de preparar caaaada dia els entrepans de l'esmorzar de les criatures ni agafar el metro a quarts de nou per anar fins a la parada d'Entença. No volem començar a treballar caaaada dia a les 8.50 h i fer un *break* a les 10.45 per fer cafè amb la companya de la taula del costat. No volem dinar caaaaada dia a les 13.45 del tàper que hem deixat preparat del *batchcooking* del cap de setmana… Quin tipus de persona dedica el cap de setmana a cuinar? Que no teniu res millor a fer? Perlamortdedeu.

No volem tornar a casa caaaaada dia a les 16.45 i anar a l'escola a buscar els fills per dur-los a extraescolars. No volem posar una rentadora mentre el marit acaba d'entrar per la porta i rebufa exclamant: «Que cansat que estic avui!». No volem fer el sopar caaaaaada dia a les 20.15 mentre l'altre repassa els deures del nen. No volem anar a dormir a quarts d'onze caaaaaada dia. Aquestes rutines ens fan sagnar la psoriasi. Aquesta vida, la vida de nòria de hàmster, ens oprimeix el diafragma i ens deixa sense respirar.

Sabem que hi ha persones a qui els aporta seguretat. Tot ben controlat, repetint patrons, sense sorpreses; això sí, ni bones ni dolentes!

A nosaltres ens provoca ansietat només d'escriure-ho! Nosaltres necessitem que la vida sembli variada, com si tot fos un capítol d'una sèrie i acabéssim de sortir d'un gir de guió.

Volem que cada dia sigui una injecció d'adrenalina laboral, emocional, espiritual o del que sigui, però que ens bombi el cor. No us ho sembla, però és fàcil fer-nos contentes. Només necessitem no tenir horaris fixos ni oficines tancades. Així, un cop a la setmana podem anar a Backstage perquè ens arregli la vida la María José. Cap màster en psicologia podria arreglar-nos el cap com ella i les seves mans.

Necessitem cada setmana dinar o sopar o esmorzar o el que sigui amb les Perres, les Putes *celebrities*, les Ballenis o les Clandestines. Una copa de vi amb les amigues és obligatòria i l'hauria de receptar el metge de capçalera. Necessitem concerts, cinemes, estrenes, gales per sentir-nos una mica estrelles i pensar que vivim en una ciutat amb vida. I això sí que és difícil, perquè Barcelona comença a tenir la mateixa intensitat festiva que Burgos. És a dir, gens.

Sabem que necessitem tot aquest guirigall però, així i tot, quan arriba el mes de maig, comencem a patir. Falta molt poc perquè tot el puzle de vida que hem organitzat comenci a desmuntar-se. Al juny arriba el final de curs per als nens, però també per a nosaltres. I ells sabran les seves notes i nosaltres també. Totes les feines que tenim arriben a final de temporada. Nosaltres també sabem quina assignatura portem més fluixa, quina és la que més ens agrada, en quina tenim més èxit, i fins i tot cada any podem pensar quina ens vindria de gust començar a provar. I és el moment de sondejar l'ambient de les tirititeres: treure la pols al WhatsApp i començar a repartir spam, i no pas enviant missatges al morenàs que vam conèixer als Premis Drac! Possibles feines per a la temporada vinent en forma de: «Hola Marc, com portes el projecte de què em vas parlar?», «Ei, Laia, quedem per dinar i ens posem al dia?», «Ep, Arnau, a final de mes fes-me un forat que et vull proposar una secció»... I així, de mica en mica, fins al mes de juliol ja comencem a emprenyar a tort i dret per intentar tenir un setembre ple de col·laboracions. És com la vida de pagès: toca plantar, regar i collir quan el fruit estigui al punt.

Ara, però, ens faltarà la part més important, resar a la Moreneta perquè tinguem un temps favorable! Ni massa pluja ni sequera, que ja sabem que els extrems sempre esguerren la collita!

15 de maig

Eduquem les criatures!

Saber amb qui comparteixen el dia les nostres criatures ens comença a preocupar i a fer una mica d'esgarrifança. I no estem parlant dels amics de l'escola, que més o menys ja els tenim a tots mig controlats. No, aquests no ens preocupen. Ens tenen fregides tots aquests *tiktokers* i *streamers* que omplen durant hores i hores el cervell de les nostres filles i fills. I més durant aquesta època de l'any, que encara fa fred i els caps de setmana ens els passem més recollits a casa.

D'acord que a nosaltres ningú ens retreu que fem el mateix cada setmana: arribar a casa, obrir una ampolla de vi mentre fem el sopar i tornar a veure per cinquena vegada aquell capítol de *Scandal* en què el president i l'Olivia Pope es magregen com si s'hagués parat el món. Perquè també podria ser igual de perjudicial esperar que aparegui un homenàs a salvar-te de la teva vida de rutina matrimonial. Però la canalla mira tots aquests creadors de continguts, que poc han treballat a l'empresa privada. Escolten amb devoció el Rubius, el The Grefg, l'Auron Play, l'Ibai, el Vegetta777... que no sabem ben bé ni què fan. Diuen que narren partides de la Play, que fan bromes telefòniques, d'altres expliquen i comenten notícies... Tota una variada programació que deixa un cop més la televisió més arraconada que aquella màquina de fer crispetes que ens van portar els Reis de ca la sogra.

Vam avisar els nostres fills: quan passi alguna cosa interessant, la veiem junts, que jo també vull saber de què va.

I va arribar el dia: TheGrefg presentava una nova *skin* de Fortnite. Us podeu creure que vam estar tres hores enganxades a una pantalla al costat de les nostres criatures? I dissimulant perquè no s'adonessin que no sabíem què era una *skin*, esclar!

Nosaltres, mares modernes, que estem al dia de tot, no podíem confessar als nostres fills i filles que no controlàvem aquest submon dels adolescents. I com que Google sempre és el nostre millor aliat en aquests moments de crisi, vam descobrir que el que havia fet TheGrefg era desvelar un simple vestit d'un nino virtual. Perquè una *skin* és això, una disfressa.

I no serem nosaltres les que jutgem, perquè som les primeres d'estar hores davant el *Sálvame* esperant saber si l'Anabel Pantoja té nòvio nou o no.

De tots aquests, l'Ibai és el nostre preferit. Sembla un noi inofensiu. Malparlat, això sí, però bon nano. Ens quedem totalment entendrides quan les nostres criatures ens expliquen les debilitats d'aquest basc: «Mare, que va patir molta ansietat quan va venir a viure a Barcelona, els seus pares tenien molts problemes econòmics, li feia por parlar a les càmeres, no li agrada la roba de marca, no vol marxar a Andorra perquè vol pagar impostos...». L'Ibai és un trapella capaç de verbalitzar les seves debilitats i mancances més mundanes i per a nosaltres això és un matx definitiu. Tampoc som qui per recriminar al Rubius o l'Auronplay que hagin marxat a viure a Andorra per no pagar impostos, però que sapigueu que allà el català és la llengua oficial, bandarres!

Que de fugir també ho va fer Fernando Alonso, Julio Iglesias o Miguel Bosé i a ells els venereu com a artistes. I nosaltres som les primeres de queixar-nos que Espanya ens asfixia.

En el món virtual tenim la mateixa escòria que en el món real, per això alguns peces haurien d'estar vetats d'entrar a les cases a través de la pantalla. Preneu nota: el Naim Darrechi, *tiktoker*. Hauria d'estar bloquejat a tots els comptes. Aquest noi ja va ser denunciat per la seva parella per maltractament i violació i, a més a més de no ser condemnat, uns mesos més tard el Govern balear va posar-li una querella perquè ell, tot somrient, va reconèixer que enganyava les seves parelles per ejacular dins seu. Tampoc va passar res. La querella va quedar arxivada. La justícia és una merda en aquests casos, però com a societat podríem reaccionar i deixar-lo ben sol. Qui coi pot permetre que el seu fill o filla segueixi els missatges d'aquest espècimen?

Un altre que també ha quedat retratat diverses vegades és el Xocas. Ja sabíem que era un classista i un dèspota, però en un dels seus directes va explicar com lligaven ell i els seus amics, una tècnica infal·lible: aprofitar que emborratxaven les noies per fer d'elles el que volguessin. Ui, Xocas, que divertit, oi? Això és un delicte i els nostres fills han de saber-ho. Vinga, un altre *unfollow*. La cultura de la violació normalitza la violència sexual. Les nostres filles no poden sentir-se culpables si la pateixen i els nostres fills no poden rebre missatges de normalització davant comportaments delictius. Cada cop que vegeu per casa missatges d'aquest tipus, catalans i catalanes, bloquegeu-los. Més ben dit, expliqueu com són de perillosos i que ells mateixos els bloquegin. Les nostres criatures estan educades amb uns altres valors i elles mateixes entendran que aquestes persones no mereixen cap mena d'atenció.

I sí, a hores d'ara, tant el Xocas com el Darrechi continuen tenint milions de seguidors.

30 de maig.
«Camping life»

Aquest capítol m'ha obligat la Pontnou a firmar-lo jo, la Laura, perquè ella detesta el càmping, i no vol que se l'associï amb res que tingui a veure amb excursions o qualsevol cosa que no sigui dormir en llocs de quatre estrelles en amunt. I, pobreta, no la culpo, perquè els traumes d'infància cadascú els passa com pot. Ella va tenir unes vacances en família de dormir a terra i passar fred i calor, i no en vol ni sentir parlar, de matar aranyes abans de fotre's al llit.

Però jo, que soc una pubilla de cuixa forta avesada a tot, vull dir que Catalunya és país de càmpings, perquè aquesta meravella de territori que tenim no es pot viure si no és a peu de platja, sentint l'olor de mar de bon matí, gaudint de la natura dormint a tocar de les bèsties i palpant la contrada i ensumant la terra.

Exacte, mes de maig i només cal veure la cua al Decathlon per saber que estem en temporada de càmpings. Sortim esverats a buscar cadires plegables, sacs de dormir, repel·lents de mosquits, cuinetes de gas portàtils, tovalloles de microfibra i una barreta energètica que pillem mentre fem cua, no sigui que ens baixi el sucre de tant remenar pels passadissos. És el moment també de treure els comanxes del garatge, airejar les tendes de campanya, rentar les fundes del sofà de les caravanes i repassar el nivell de les rodes de la Volkswagen California de cinquena mà. Tot a punt per començar vacances. Perquè això és el que té de bo aquesta vida, aquest estil: que al maig ja ens sentim de vacances. Sobretot aquells que ens instal·lem per passar-hi tota la temporada. No em parleu de no sé quin hotel a Alacant o de no sé quin parador de Plasència o d'un coi d'apartament a Puerto Banús. No canviem res de tot això per despertar-nos amb el nostre amant davant de l'estany d'Aigüestortes o prendre un vermut amb el *best husband ever* amb els peus a la platja de Tamarit. Que no recordeu que hem viscut una pandèmia? No recordeu els setanta-dos dies sense trepitjar el carrer i confinats als 73 metres quadrats del pis? Què coi feu tancats en les quatre parets d'un apartament si en un càmping podreu estar les vint-i-quatre hores a l'aire lliure?

De tot aquest món campista, deixo de banda tots aquests que heu camperitzat furgonetes, camions o ambulàncies de segona mà. Aquells que heu convertit qualsevol cubicle amb quatre rodes en un aparador de l'Ikea. Voleu parar de fer-vos els moderns? Vosaltres no sou dels nostres, només sabeu fer fotos cuquis per a Instagram. No aguantaríeu ni una setmana tancats en els 12 metres quadrats, perquè el llit us queda curt i heu de dormir en posició fetal, els armaris són inaccessibles i els endolls no funcionen perquè tot ho feu de cara a l'aparador. Ple de garlandes de llums queda monísssim per ensenyar a les xarxes i als veïns, però per viure-hi uns dies és insuportable.

La vida de càmping és una altra: res de postureig, que ja n'aguantem prou durant tot l'any. La vida a la parcel·la durant l'agost és aquella on tot el que necessites per sobreviure és reaprofitat, caminant cada dia amb crocs sense treure't els shorts esparracats de la Lola Casademunt. Si aquest look el portéssim al festival de Coachella seria l'hòstia, però al càmping us sembla de deixats.

Al càmping cada dia fas el vermutet, una Segarreta al xiringuito a mitja tarda, un vi Sentius amb la paella i una clara amb la sardinada del vespre. Acabes amb un xarrup de ratafia després de sopar i a dormir tots contents! I per molts pantalons curts i samarretota de càmping que portis, acabes tenint una cosa en comú amb la Miranda Hobbes i l'Olivia Pope: l'afició diària a beure alcohol amb qualsevol excusa. Sort que quan arriba el setembre fem un detox i tot torna a la normalitat.

Fer vida de càmping és obrir la porta de la caravana, que surtin els nens escopetejats i que només tornin per alimentar-se. Res de barallar-se amb els germans, d'avorrir-se, de tenir els ulls vermells de tant jugar a la Play. Són lliures i nosaltres també. Bicicleta, amics i piscina, i no necessiten res més. I tu, per primera vegada en tot l'any, tampoc. Fer càmping és rentar els plats a les piques comunitàries mentre et poses al dia amb el del costat, és fer migdiada tirat en una cadira de tela mentre et veu tothom però no et mira ningú. La vida de càmping és sostenible, familiar, generosa i divertida. Si ho dubteu és que esteu plens de prejudicis, així que continueu pagant 2.000 euros la setmana per llogar un apartamentet a S'Agaró, que jo amb aquests diners em pago tres mesos de parcel·la al Port de la Selva i encara me'n sobren 300.

Juny

4 de juny
Exparelles pel carrer

Arriba el dia que surts al carrer i topes amb el teu exnòvio. Sempre hem dit que quan et vesteixis al matí has de tenir la roba triada al vespre i el look calculat a la perfecció com si t'haguessis de trobar la teva exparella cada dia. Aquell atac de cor i ensurt de suor freda que et fa repassar mentalment el teu cos de dalt a baix per saber si estàs viva i encara sents les extremitats, perquè saps que et va fer patir com una perra i tu allò ja ho has superat de llarg. Com que ja saps que del terrat estàs ben falcada, perquè ja vas curar-te amb vuit sessions de psicòleg, et preocupa la façana… i vas pensant mentre veus que se t'acosta per la vorera de la dreta: vestit espectacular, maquillatge de deu, cap sense encrespar…

Que sí, que molt *body shaming* però tu no vols semblar exactament igual que el dia que et va fotre fora de la seva vida, que empoderades sí, però rabioses sempre! Que et diuen que no cal tenir-li malícia, d'acord, quan estigui a quart de vida, potser, però ara deixeu-me recrear en el plaer d'anar com una diva i veure l'altre que li ha anat molt pitjor que a tu. Et mires l'altra persona pensant: «Perfavort, que tingui quatre fills maleducats i que la parella sigui un saldo». I quan el tens a dos metres t'adones de la sort que vas fer fugint aquell trenta-u d'agost. Encreuem les mirades i no ens diem res, t'agafa la fluixera de riure de pensar en el sexe que hi vas tenir i en els orgasmes que vas fingir mentre et deia que a ell mai li havien fet comèdia. No ni poc! Que prometia ser un CEO amb aquells aires de superioritat i ara resulta que ha heretat la xarcuteria del poble, i dones gràcies a Déu mentre el mires de reüll de no estar ara despatxant botifarra d'ou un dijous gras a 35 euros el quilo. Vas saber fugir a temps contra tot pronòstic quan pensaves que se t'acabaria el món i ara dones gràcies a l'univers de no haver-te quedat amb aquella persona.

No és l'única vegada a la vida que ens hem sentit victorioses pel destructor pas del temps. Quan va aparèixer Facebook es va posar de moda fer sopars de retrobament, perquè la tafaneria ens pot. Sopars amb la classe d'EGB, sopars de l'equip de bàsquet, sopars de la colla de Miami Platja, sopars de companys de màster..., vaja, amb tot el que fes tuf de nostàlgia per poder retrobar alguna parella o algun rotllet d'aquells grups. Això sí, a cada sopar només demanàvem que aquella persona aparegués amb el nas ple de pèls i vestit amb els mateixos texans rectes dels noranta, perquè ja sabíem que si et trobaves un tros d'home ja havies begut oli. Se't tornarien a creuar els cables i de segur que te'l follaries i al cap de dos dies voldries viure amb ell i les seves dues criatures en una masia d'Ullastret. Amb la quantitat d'infidelitats i de matrimonis destruïts que sabem per culpa d'una borratxera d'enyor d'un excompany de classe n'hi hauria per fer un llibre.

De tots, el que estadísticament ha donat més sorpreses és el de la classe d'EGB. No sabem en quin moment els astres es van alinear i vam decidir estudiar i no drogar-nos mai perquè els narcòtics han fet estralls en les persones. No sabem ni com va passar, però, sense viure al límit, la nostra joventut va ser igual de divertida i molt menys decrèpita. També és cert que hem tingut sort, que després de tots els traumes d'infància, fotre'ns de cap a les drogues era el camí fàcil. Creiem que les espelmes a la Moreneta i les vint sessions de reiki a la setmana d'alguna cosa deuen haver servit.

13 de juny

Massa graduacions i poques obligacions

Si hi ha una cosa que s'ha posat de moda en els darrers anys són les festes de graduació. Hi ha una mania generalitzada a celebrar coses abans d'hora.

A la nostra època només en fèiem quan acabaves la carrera, però ara se celebra el final de la primària, el de l'ESO, el del batxillerat i fins i tot hem vist graduació de P2 de criatures de l'escola bressol amb orles, photocall i trianglets de pa de motlle amb ganxitos.

És com la necessitat d'imitar la vida adulta i fer coses que encara no toquen. I això té un perill: com que encara no estàs format en gust i criteri, comets aberracions estilístiques.

Durant aquestes celebracions qualsevol excusa és bona per vestir la canalla com adults escapçats. Nens de quinze anys amb trajos heretats, deixats o cedits, corbates amb doble volta i nenes amb vestits del Shein acabades de sortir de la perruqueria amb rínxols i purpurina a mansalva.

El segon perill és la decoració, el mal gust repartit en forma de got de plàstic, tovalles de paper i un cartell de cartró ploma mal fet per al photocall amb unes lletres que posi CURS 2024-2028.

El tercer perill és el dels pares hiperventilats que volen participar en la festa, fan balls, discursets o exhibicions de les seves habilitats davant dels altres o fan el ridícul amb els companys de classe de les seves filles.

Un record que segur que els vostres voldran oblidar, però que gràcies a les xarxes socials quedarà per sempre. I els companys de classe se'n faran gifs per reenviar a tots els grups de WhatsApp de l'institut. Així que el nostre consell de merda és que intenteu vestir discretament i no feu gaires numerets, que després tot se sap.

I si amb tot això no en teníeu prou, hi ha la plaga de les posades de llarg de nenes i nens de divuit anys. Un *naming* que ja d'entrada sona ranci i elitista. No podem vestir de llarg unes criatures com si a partir de l'endemà poguessin fer coses d'adultes, perquè la realitat que els espera a fora és una autèntica merda. Amb la precarietat laboral, la crisi climàtica, el preu de l'habitatge i tots els problemes de salut mental derivats d'una pandèmia, no podem pretendre que d'un dia per l'altre siguin adults i es comportin com a tals.

Hem de cuidar el nostre jovent i no fer-los grans abans d'hora. Més que festes, el que hem de fer és gastar-nos els diners perquè rebin educació afectiva i sexual, perquè estiguin sensibilitzats amb la diversitat i no es converteixin en aquella mena de persones que fan patir els altres. Que no siguin dels que per no dir el que senten acaben tirant la seva vida amorosa per la borda. Necessitem criatures que sàpiguen expressar els seus sentiments. Només així evitaran cometre els mateixos errors que vam fer nosaltres.

Més que gastar en ponxeres inútils, el que hem de fer és invertir en formacions perquè no reprodueixin estereotips de gènere i que puguin independitzar-se i mantenir-se sols, que nosaltres ja estem fartes d'endur-nos-els de vacances un any més.

I en comptes d'ajuntar-nos els pares i les mares per fer la

decoració de la graduació, preparem cursos i que aprenguin a identificar violències masclistes i LGTBI-fòbiques, que ja sabem que ens en falten per totes les bandes.

Que la maduresa no sigui sortir una nit amb un vestit llarg o un trajo amb corbata, fer-se la foto, fumar el primer cigarro i fer un gintoniquet, que la festa de graduació sigui per celebrar que tindran un futur digne perquè nosaltres ens hi haurem deixat la pell.

22 de juny
Comença l'infern

No pot ser que ja sigui 22 de juny!

Tenim els petards a punt, les vacances contractades, la calor que pica fort i amb ganes d'estiu... Però arriba aquesta maleïda data i ens explota el cap. Ja fa quinze dies que els nens surten de l'escola havent dinat i s'ha acabat la conciliació, fins al setembre la nostra vida torna a ser un infern. Què fem amb els nens? Què dinen? Què sopen? Què llegeixen? Amb qui parlen? Com els distreus? Com fas que passin les hores? Com aconsegueixes que no els caiguin els ulls de tantes hores davant l'iPad? Perquè sí, els deixem hores i hores davant el Fornite o el TikTok sense remordiments, perquè nosaltres ens vam criar veient la tele tota la tarda mentre mares i pares treballaven. Les nostres mares tenien botiga, perquè som filles de botigueres catalanes, que ja sabeu que són hores i hores d'atenció al públic. I nosaltres ens passàvem les tardes veient dibuixos i berenant. Ens deien que ens quedaria el cap quadrat i, mira, no ha passat pas res. És més, aquí ens teniu, fent un llibre com si fóssim J. K. Rowling.

No ens vingueu els profes a dir-nos que la conciliació és cosa de les empreses i que les escoles no són un pàrquing. Que som autònomes, cony! Que som titiriteres!

Prou feines tenim a trobar dues hores per escapar-nos a

veure el nostre nou nòvio per, a sobre, haver de pensar a treure les nostres tres criatures a veure la llum del sol.

No ens toqueu els nassos que prou cremades estem avui. Ni *blue monday* ni merdes. Avui és el pitjor dia de l'any perquè ens quedem sense escola.

I ens diuen «les escoles no són un pàrquing!». Els profes tenen tendència a fer-nos aquesta frase acusadora, però nosaltres ja us la responem abans, perquè si una cosa no som és falses.

Sou el lloc on deixem els nens, i no ens fareu sentir males mares per pensar així. És una manca de sororitat que fa enrabiar. Teniu una vocació, graciesadeu, i nosaltres us deixem a les vostres mans el més preuat que tenim, les nostres criatures. Hi confiem cegament, en vosaltres! Perquè sense coneixe-us us els entreguem durant vuit hores, cinc dies a la setmana! Els ensenyeu coses, ens ajudeu a educar-los, jugueu amb ells, intenteu que aprenguin... Si feu tot això, com no hem de plorar i enfadar-nos quan arriba el 22 de juny? No és contra vosaltres, és perquè us adorem.

De tot l'any, quatre mesos se'ls passen a casa. Sí, sí, no us poseu les mans al cap. Entre estiu, Nadal, Setmana Santa i no sé quants dies de lliure disposició, lliure elecció, lliure pensament i lliurelavergesanta... els nens passen una tercera part de l'any a casa. Que no diem que els mestres se la toquin durant aquests quatre mesos, no. Però heu de reconèixer que sou qui fa més vacances de tot el sistema! I quan dius això s'ofenen. Però no passa res, és que us les mereixeu! Si a nosaltres ens fessin tenir vint-i-cinc nens durant tres hores un sol dia demanaríem l'eutanàsia! El problema és que hauríeu de tenir divuit pagues, com els del Banc Sabadell.

Ja sabem que en aquests dies que creiem que esteu de festa teniu reunions, preparacions, tutories, correcció d'exàmens, de fitxes i sessions de coaching per oblidar l'estrès de compartir mitja vida amb els nostres fills... Però si teniu uns privilegis, es diu i no passa res. Les titiriteres podem anar a fer la manicura un dimarts al matí o quedar per dinar un dijous qualsevol perquè no tenim horaris ni lligams. És un avantatge, però patim com perres per assegurar-nos la feina de setmana en setmana.

Per la nostra salut mental es van inventar les colònies d'estiu, graciesadeu. No sé com encara no han beatificat a qui va tenir la idea. Tant fa si els enviem a Amposta, Can Miqueló, Mas Gorgoll, el Xaloc o la Farga de Montseny. Catalunya està plena de cases i llocs paradisíacs perquè ells gaudeixin i nosaltres descansem. La feinada de preparar-los la motxilla paga la pena només de saber els dies que podrem tenir la ment en blanc.

23 de juny
Bany per Sant Joan, salut tot l'any!

Una altra de les festes nostrades i que celebrem amb molta joia les catalanes és la revetlla de Sant Joan. Hem trigat gairebé vint anys des que estem en democràcia per aconseguir que més de tres quarts de país no digui «verbena». La revetlla s'ha convertit no només en la celebració del solstici amb coca i petards, sinó que a poc a poc els nostres grups d'amigues estan normalitzant això de fer rituals per donar la benvinguda a l'estiu i, de passada, curar-nos de tots els mals d'amor que hem patit durant l'any. Saltar el foc, agafar cendra per a l'endemà, cremar papers amb tot de frases de coses que volem deixar anar de la nostra vida, pensar desitjos, fer cerimònies per l'abundància i mullar-vos l'endemà la cara amb aigua de la lluna del 23, que diuen que et manté jove per a tota la vida.

Per Sant Joan les catalanes tenim moltes coses en comú, com ara la coca de pinyons a 200 euros el quilo, el cava Rotxa que no fa ressaca o el tarat de la família o amic que es gasta 300 euros en petards i que saps que acabarà perdent un dit tard o d'hora. I ens encanta la revetlla i que sigui la nit més curta de l'any i repetir-ho a la criaturada cinquanta mil vegades, seguit de: «Compte amb els dits i amb el foc i *ojuuuuu!*».

Una de les festes més celebrades a casa nostra que comencem a preparar amb temps i que sempre comença amb un: «Què fareu per Sant Joan?».

I nosaltres que tenim molta vida social i molts entorns d'amics fem el quadrant per poder-ho celebrar amb tothom. Estaria bé fer una macrofesta per aglutinar a tots els que voldries aquell dia, però per això ja hi ha els casaments, la suposada festa per reunir a tothom a qui estimes al mateix jardí de qualsevol masia; això sí, havent passat pel número de compte corrent per pagar-li el vestit a la núvia, que ha encarregat a Rosa Clarà sabent que el finançaríem entre tots.

I com cada any celebrem la revetlla al poble dels pares amb els amics de sempre, fent foc i un coc per sopar. Et trobes les amigues de tota la vida i aquella que ha viscut dos anys a Austràlia i que no se li entén cap paraula perquè fa com la Paz Vega o l'Elsa Pataki, que cada cop que venen a arrossegar el cul en alguna catifa vermella per perdonar-nos la vida i donar-nos les engrunes que els han sobrat de celebritat, parlen castellà amb accent anglès per fer-se les esnobs.

Però gaudim del dia sense cremades, sense disgustos i retrobant els amics que hem anat perdent durant l'any amb les presses i els partits de rugbi de cada cap de setmana.

La revetlla, la música, els envelats, menjar coca i beure cava i ballar. Ballar les que no arrosseguen traumes, esclar. Que una de nosaltres no es mou gaire quan sent música perquè té aquella mena de vergonya de joventut perquè sempre ha fet el doble de volum d'alçada i d'amplada que les seves companyes de batalles festils. Sortir a putejar quan tens setze anys i fas 1,70 fa que sigui l'únic cap que es veu en tota la pista. Vam aprendre a intentar passar desapercebudes quan érem unes acomplexades i no sabíem que el cos te l'havies d'estimar tal com venia. Ens van ensenyar a odiar-lo, a amagar-lo i maltractar-lo, i en vam aprendre.

Per això avui, en aquesta revetlla on hem cremat al foc tota la merda que arrosseguem durant l'any, hem ballat com boges per espantar els mals i renovar els vots a favor dels nostres cossos, i hem demanat a la lluna, a les cendres i a l'estiu que arriba que ens porti un amant nou.

Juliol

7 de juliol
Vacances al poble

Aquest any farem les vacances al poble i això significa fer fotos de paisatges, voltar de festa major en festa major i passar-nos hores a la piscina municipal. I sobretot omplir-los de hashtags, que no sembli que tenim una vida poc emocionant. Oblideu-vos de les originals fotografies que us donarien al Japó, Tanzània o Madagascar. És la vida tranquil·la de llevar-nos per esmorzar a la plaça, sentir les paraules perdudes i aturar-nos a parlar amb un ara amb l'altre.

Una de les coses que més ens fa bullir la sang és aquesta vida al ralentí per tot. Haver de sortir a comprar qualsevol cosa i tirar-t'hi dues hores. Entre les persones que ens trobem pel camí i les que hem de saludar, xerrar-hi i preguntar-los per l'estat de salut d'avis, tiets i germans… més l'estonada que dediquem a la botiga per demanar la tanda, comprar, que ens ho embossin tot i ens ho cobrin… ja hem perdut l'estona que havíem de dedicar a fer el vermut i mirar a l'infinit.

La frase de demanar la tanda hauria de ser declarada patrimoni cultural immaterial. «Qui és l'últim?», «Qui és el darrer?», «Servidora!».

És una de les coses que es perdran, perquè a fora del poble la gent fa cua o agafa un numeret sense dir-se ni ase ni bèstia amb el del costat, amb qui teniu la mateixa obsessió per comprar nespres madures abans del maig.

Tenim una necessitat imperiosa perquè la llengua perduri i per això també volem hashtags en català que molin. Etiquetes, perdó, perquè el català també s'ha de poder utilitzar a les xarxes, que no tot ha de ser en castellà i anglès per aquesta cosa que així arriba a més gent. Si tens bon contingut, no només no et caldrà traduir-lo sinó que fins i tot ho pots arribar a petar.

Però nosaltres no només no ens n'hem sortit, sinó que encara utilitzem la fórmula #ootd (*outfit of the day*) per exhibir obsessivament el nostre look cada dia a Instagram. La muda, perdó. I així estem. No hi ha manera de normalitzar la llengua sense que hi hagi paraules que quedin cutres: look, outfit, knit, mood...

I com diu la Carme Junyent, si tots féssim servir el català sense complexos, acabaríem normalitzant moltes paraules i ens acostumaríem a les expressions nostrades. A tots se'ns escapava el riure per sota el nas quan als vuitanta dèiem «escopinya» pensant que érem uns llepafils, i en canvi ara se'ns omple el cor de joia i el cony d'aigua si en una terrassa arriba algú i diu d'una tirada: «Vull uns festucs, escopinyes i un vermut negre sense oliva, si us plau». Necessitem urgentment que es normalitzin expressions que fem servir. Ens comprometem a escriure-les mil vegades fins que ens sonin bé, perquè volem aconseguir dir en català «nos hemos venido arriba» sense que morin quinze filòlegs. I també traduir «jari» per alguna cosa més curta que «m'he fotut en un merder de ca l'ample».

El català fa plorar d'emoció, utilitzem paraules nostrades i, si no, inventem-nos-les, que les catalanes som molt treballadores però creatives també.

Així que aquests dies pel poble ens ajudaran a recordar les paraules oblidades, allò que som i d'on venim, que molt modernes i de ciutat, però com ens agrada tornar al poble i tornar a sentir «esberlar».

19 de juliol
A bodes ens convides!

Avui sopem amb les Putes *celebrities* i sentim a la taula del costat com algú diu: «Em casaria només pels quinze dies de vacances». On cony ha quedat el romanticisme? Hòstia!

Resulta que hi ha persones que volen casar-se, després de tretze anys de convivència i uns quants fills pel mig, només per poder estar uns dies sense anar a l'oficina. Ni tan sols per la il·lusió de vestir com un cucurutxo de nata, ni per anar al Carib a passar-te el dia follant en qualsevol cabana i comprar-te algun souvenir de mal gust per regalar als pares.

Sabem que després de tres o quatre anys de convivència l'única cosa que ens fa il·lusió és que la declaració de la renda surti a retornar... Però quina merda de feina tens perquè només vulguis fugir? I el més important: a quin preu pagaràs els quinze dies de festa? Una factura d'un convit i aguantar legalment la sogra fins que la mort us separi?

Un puntet a la boca abans de fer aquestes declaracions, que després heu de muntar taules de convidats i ens teniu amargats amb els quadrants i els consells per arribar a la festa.

I si us voleu casar després de tretze anys, que sigui per amor, perquè si m'he de gastar la pasta pel vostre casament que sigui en nom de l'amor i la il·lusió.

I debatent tot això ens reptem a dir parelles conegudes,

famoses, que faci molts anys que estan junts. I surten els dubtes entre totes: «Però sense amants?», «Sense amants coneguts?», «Però que estiguin junts i facin vides a part?», «Però que ho hagin deixat i tornat?».

Amb aquestes respostes que fem de manera automàtica ens demostrem que no hi ha ningú de les presents que cregui en l'amor per a tota la vida, l'amor com a tal, com a enamorament. Aquesta llista provisional que fem per no sé quin article està plena de llacunes, perquè totes les persones que ens han vingut al cap, totes, queden sota l'ombra del dubte. No hi ha ningú que ens faci creure que està enamorat després d'un matrimoni de dues o tres legislatures. Tot caduca, tot passa, fins i tot les parelles aquestes que es declaren públicament a Instagram amor per a tota la vida.

Estem fartes de veure recitals de passió i d'enamorament amb hashtags i tonteries variades de parelles que sabem que van pel pedregar. No cal que feu apologia del vostre amor sincer i pur, no cal aquest porno sentimental i l'exhibicionisme de sentiments, perquè el dia que menys t'ho penses ja te l'han fotuda i tu ja has quedat retratada a les xarxes per sempre més.

Si us voleu casar, feu-ho ràpidament, quan el cor i l'escalforada no us deixa pensar amb claredat, quan tens més energia posada a follar-te l'altra persona que a fer que et quadri la comptabilitat de l'empresa. Tireu la casa per la finestra i caseu-vos *portodoloalto*, que l'amor acabarà sortint per la porta del darrere com sempre ha passat. Fer-ho després de tretze anys és saber que esteu jugant amb la meitat de la baralla, i si voleu fer quinze dies de vacances, no emboliqueu amics, familiars i coneguts en una festa rància a l'Empordà, simuleu una operació de varius o de fimosi, que també us deixarà postrats a casa uns quants dies sense haver de fotre brot.

23 de juliol

Qui no va de festival és perquè no vol!

Qui no trepitja un festival de música a l'estiu és que no té vida ni se la mereix. El Primavera Sound, el Sónar, el Vida, el Cruïlla, el de Cap Roig, el Mil·lenni, el del Jardins de Pedralbes, el Canet Rock, el Cabró Rock, el Barcelona Beach Festival, el Sons del Món, el Portal Blau, el del Castell de Peralada, l'Internacional de Música de Cambrils, el Porta Ferrada, l'Acústica... Tots i cadascun d'ells són meravellosos. I segur que ens en deixem moltíssims. És cert que any rere any repeteixen els mateixos grups i cantants: Rosario, Texas, Taburete, God Save the Queen, Els Amics de les Arts i El Pot Petit són els fixos de cada estiu. N'hi ha tants que pots anar a qualsevol concert encara que el grup o el cantant no t'agradi o ni tan sols t'agradi la música. Aquella emoció per descobrir els cartells, saber a quins podràs anar i sobretot amb qui. Nosaltres som de concerts, de festivals i de música. Som, sobretot, de no estar tancades a casa. Qui vol estar en ple estiu arrebossant pollastre per al sopar de la canalla podent sortir a veure Els Catarres? Esclar que sempre hi ha famílies que sopen aviat tots junts i van de concert amb els fills. Però que us heu begut l'enteniment? Quina gràcia hi trobeu? Voleu fer el favor de fer plans d'adults amb adults i els plans per criatures fer-los amb les criatures? Per ells també és un suplici, o què us penseu? L'altre dia les Perres vam anar a Portal Blau a veure Stay Homas i molta canalla hi van anar amb pares i mares. Però que no ho veieu que no són concerts preparats per a ells? No veuen l'escenari, se'ls posen les hiperventilades al davant alçant les mans i els gots de cervesa, i es passen l'estona ensumant aixelles. Espereu que es facin una mica més grans i ja hi aniran sols! Hem vist gent al Canet Rock amb tovalloles perquè de matinada hi puguin dormir criatures que no arriben ni a tres anys. Però quin coi de tortura és aquesta? Digueu-nos, si us plau, que ho feu perquè no teniu cangur ni cap lloc on deixar-los una nit. Només si esteu sols a la vida es pot entendre aquesta bogeria. Si ho feu perquè sou uns garrepes o per fer-vos els moderns com a pares i mares, ja us dic que us amargueu vosaltres, amargueu la vostra descendència i ens emprenyeu als que anem trepitjant nens mentre saltem com boges per cantar *El setge*.

Anar de festival està de moda. Tant, que fins i tot la classe política, per fer aquesta cosa de connectar amb el poble, hi acaben passant en filera i ens ocupen les zones vip, que fins ara estaven reservades a *celebrities* com nosaltres. Una desfilada d'alcaldesses i alcaldes, diputats, presidentes, que no se'n perden ni un. Els concerts s'han convertit en un acte públic de primer nivell. Els polítics i les polítiques s'hi aboquen de cap per fer-se veure, i la resta de la gent influent saben que si no hi van no són ningú. La foto, la polsera i cap a Instagram a buscar likes. Ara només us cal vestir bé, comprar un got de plàstic i aprendre-us alguna cançó.

Això d'anar als concerts per fer postureig ja ho van començar les *influencers* a Coachella i, esclar, a Catalunya, que som molt de buscar referents, hem començat a fer el mateix amb els nostres festivals. Tot i que a nosaltres ens falta una coseta: vestir bé! Si voleu assemblar-vos al Tomorrowland, porteu looks dignes de menció i els cabells ben pentinats. Si no, no pengeu res. Tampoc intenteu gravar *stories* mentre canteu i al mateix temps que es vegi que teniu molts amics. Tot no pot ser. Feu que els concerts i els festivals siguin els protagonistes. La vostra veu i els vostres amics ens la bufen. Un consellet és que aneu amb compte si us escapeu amb els amants. Perquè és el típic lloc on us enxampen segur. Massa telèfons gravant collonades que us poden portar les pitjors de les casualitats. Avui tenim concert, anem a la Ciutadella de Roses a veure Oques Grasses amb les amigues. Hi anem amb taxi perquè aparcar és una merda i perquè conduir després de tres cerveses és d'idiotes. Hi anem conscienciades a perdre els tres euros que val el got reutilitzable i sabent que lligarem amb algun grup de nanos als quals doblem l'edat, però no ens hi pensem arrambar, que ja us hem dit que els concerts no són lloc per a aventures furtives.

28 de juliol
Fem una muntanya d'un gra de sorra

La platja és el termòmetre de l'edat. Segons els complements que porta la gent pots arribar a calcular en quin estadi de la vida es troben:

Biquini i pareo = 16 anys
Biquini, tovallola i llibre = 22 anys
Biquini, tovallola, senalla i crema factor 30 = 34 anys
Cistella, para-sol, cadira, llibre i nevera portàtil = 63 anys

Nosaltres hi anem avui juntes i soles i no ens ho podem ni creure de la felicitat que sentim, perquè des que havíem acabat la universitat no hi havíem tornat.

Fins fa quatre dies anàvem amb quatre ulls perquè la canalla no es mengés la sorra i avui elles ens estan demanant fer topless. Recordem totes les etapes per les quals hem passat: les rostides de banda i banda durant l'adolescència, les primeres borratxeres, les esperes per veure sortir el sol amb algun nòvio, el carro amb el para-sol, l'hamaqueta, el petit i els biberons… I ara, que només hi anem cap al tard perquè no ens surtin taques a la cara del sol.

Cada cop que afegíem edat a les nostres vides, portàvem més coses a la platja. L'infern és quan has de dur les joguines, dues tovalloles per cap, el dinar, el berenar, mil cremes i els braçals. I recordàvem amb llàgrimes als ulls quan baixàvem amb la moto i el pareo i que la màxima nosa que ens endúiem a casa era algun guiri que havíem conegut el dia abans.

La pitjor època són les vacances al mar amb criatures petites. Passar-te l'estona a la platja ajupida com si estiguessis munyint una vaca, corrent darrere de tots, procurant que no es rosteixin ni s'ofeguin ni tinguin cap insolació... Posant gorres que es treuen al cap de cinc minuts i empastifant de crema amb els crits que se senten des de l'altra banda perquè els fa mania anar llardosos... El que plora perquè li fa angúnia tocar la sorra, l'altre perquè té por de l'aigua i pateix per si li surt algun peix, perquè un dia el graciós del seu pare va fer veure que el mossegaven uns taurons quan entrava a l'aigua i ara tenim el nen traumatitzat de per vida.

I sempre, sempre, quan tenies el sidral més gros muntat i anaves més bruta de sorra que mai i més despentinada de la vida, passava pel costat l'exparella amb una nova nòvia de cabellera espectacular, bronzejat sense ni una ratlla i un tanga que tu no et podràs posar mai.

Però no tot és nostàlgia, ni recordar temps millors, perquè si una cosa bona ens ha portat l'edat és haver guanyat en qualitat de vida i autoestima. Les queratines, per exemple, per a les que no tenim els cabells ni llisos ni fins i que la sal ens els deixa com unes lleones foragitades d'algun zoo de mala mort. Gràcies a la química ara podem sortir de l'aigua, sacsejar la pelussera i estirar-nos dignament sense anar esborrifades com si fóssim espantaocells. També microbladings i la micropigmentació, que han fet un bé a la humanitat per a totes aquelles que ens maquillem fins i tot per anar a buscar el pa. La por de sortir de l'aigua i que no et reconeguessin els teus amics perquè no t'havien vist mai sense ni una gota de rímel. I, fora bromes, el més important és tot allò que deixem enrere i que teníem a dins del cap amb setze, vint o vint-i-cinc anys, quan ens sentíem grosses i amagàvem el cos darrere d'una tovallola o ens passàvem l'estona estirades sense aixecar ni el cap de terra per no ensenyar cul, pits o cames.

Però avui que estem soles en aquesta platja de Coma-ruga mentre ens canviem el banyador moll amb tota la patxorra del món, pensem en tot allò que hem deixat enrere, tot excepte una cosa que no perdrem mai: el pànic a enganxar candidiasi anant tot el dia amb el cony moll.

Agost

1 d'agost
Viatjar en família

N'hi ha una de les dues que té un màster sobre com fer maletes, un do sobrenatural que li va donar deunostrosenyor. Això és perquè el cervell se li separa en departaments, classifica la roba per colors, usos, temporades i dissenyadors. Tota la documentació familiar la té digitalitzada i penjada en carpetes del Dropbox, qualsevol persona del seu cercle pot consultar DNI, passaports, targetes sanitàries i testaments amb un sol clic. Ho té tot escrit, tot ordenat i sistematitzat. Fins i tot els nòrdics els té desats a l'armari per ordre alfabètic familiar.

Amb aquesta obsessió per l'ordre, quan viatja es converteix en un infern per als qui la pateixen. Té les maletes preparades quatre dies abans de sortir, separa les calces, els sostens, els mitjons i les mudes de cada dia amb bosses de roba etiquetades i marcades. I que ningú les hi toqui!

És la que fa excels amb la ruta, el drive amb les reserves dels hotels per ordre d'arribada i té una llista d'hospitals de la zona si va amb les criatures.

Però amb la cosa d'empaquetar és una fora de sèrie: ha aconseguit marxar quinze dies fora del país només amb equipatge de mà, i sabem del cert que no repeteix look ni va bruta enlloc.

Però el que és sobrenatural és viatjar en família. Aquells nervis que comencen deu dies abans pensant si les criatures es posaran malaltes, si hi haurà vaga de companyies aèries per desena vegada, si tindràs tota la paperassa, els visats, els permisos especials, les vacunes... Realment es converteix en un patiment, la prèvia a allò que ha d'estar destinat a ser relaxant. Tota la temporada pensant en els quinze dies de vacances i ens passem la meitat de l'any neguitoses. Quan tot just hem acabat de celebrar el Cap d'Any i hem assumit que per Setmana Santa optarem per un pla tranquil·let tipus gorrejar apartaments de sogres o cunyats per estalviar, comença la croada de veure quins dies faràs vacances a l'estiu. Hem de negociar amb la parella, fer quadrants de colònies, casals, i pensar en quan acabaran les col·laboracions de tele, ràdio i *loquesurja*. Amb tot això, s'arriba a un preacord de cara al març. Llavors comencem a buscar destins i s'ha de tornar a consensuar amb els membres de la família que ja han opinat dels dies i, esclar, amb veus preadolescents i adolescents el drama està servit. Hi ha anys que acabem amb bucles infinits, alguna baralla i un preacord de divorci sobre la taula.

Si s'arriba a mitjans de maig amb tot això resolt i cap separació firmada, ja només queda buscar ofertes, comprar bitllets i reservar hotels. Sempre sempre sempre sabem que n'hi ha un dels dos que és l'organitzat, algú que tira del carro familiar i es cuida de tots aquests detalls.

I així arribes al juliol, amb l'estrès d'haver-te dedicat els darrers mesos a coordinar unes vacances de quinze dies, que no saps si podràs gaudir per l'ansietat que ja arrossegues per acabar totes les feines a temps.

A 17 d'agost, esgotades d'haver fet de malabaristes durant l'estiu amb les criatures i les feines, la calor, els disgustos dels incendis (fillsdeputa, talleu-los les mans), arriba el dia de marxar. Una de les dues ja té les maletes fetes i tot imprès per duplicat per si els codis QR fallen. I l'altra fa l'última copeta de vi mentre agafa tots els parells de sabates i vint-i-cinc vestits persidecàs, els entafora a la maleta i tal dia farà un any.

Arribem a la nostra destinació i respirem, contentes que ja estiguem de vacances. I ens enviem uns missatges de «No volem tornar», però passen vuit dies i, després de tres baralles d'adolescents i una esbatussada amb el marit pel menú del restaurant... agafem el mòbil i ens escrivim: «Perra, l'any que ve marxem soles tu i jo!».

15 d'agost
Per la Mare de Déu d'agost, a les set és fosc

Les festes majors als pobles són un altre món. Fot gràcia quan veus les de les ciutats amb totes les activitats organitzades i cinquanta mil escenaris gratuïts perquè ningú es quedi sense veure res. Nosaltres ho fem tot al mateix lloc i sempre pagant, a menys que siguis un dels pobles rics, aquells on les empreses energètiques hi han plantat molins eòlics a canvi de quatre duros, una festa major de ca l'ample i el territori destrossat per sempre, les engrunes del seu enriquiment.

Als pobles de menys de tres mil habitants l'esdeveniment més important de l'any és sens dubte la festa major i tot l'enrenou que comporta. Setmanes abans ja hi ha moviments estranys a les cases. Balls d'agenda per saber qui hi haurà, quants germans van a dinar a ca la mare, quant fricandó i quants canelons s'han de fer. Perquè, desenganyeu-vos, les festes majors seran sempre de les matriarques. Qui durant anys i panys reuneix tota la família són elles, les encarregades que tot s'executi a la perfecció i les que dirigeixen l'empatx i les discussions que ens haurem d'aguantar a les sis de la tarda. La família no seria la mateixa sense la matriarca recordant que és Santa Encarnació i que truquem a la tieta postissa per felicitar-la.

La festa major és retrobar amigues, amics, parents i exparelles durant quatre dies de descontrol de sobretaules i tràfic d'Almax de sotamà.

Aquella gent a qui no veus en tot l'any, aquells a qui t'importa menys encara veure durant tot l'estiu. Tots ells te'ls trobes en ple juliol al poble i obligatòriament t'hi has d'intercanviar unes paraules buides. En el pitjor dels casos, compartir taula i postres. Tortell de nata, sempre. Si no hi ha els quatre pisos de pasta fullada i les opinions de tots de com es talla per no desmuntar l'invent, és que no és festa grossa.

Pica-pica, canelons, fricandó i tortell. Per aquest ordre. I ni se t'acudeixi dir que enguany ho farem al restaurant, si no vols ofendre la matriarca fent-la sentir com si ja no tingués edat per cuinar. Festa major és també sentir els qui amb el pica-pica ja estan plens però acabem menjant de tot i repetint. I el tiet amb la pressió alta i sucre a la sang, però tranquils que avui es pren la pastilleta amb un bon glop de vi.

Les fartaneres dels més grans ja són un clàssic dels diumenges, juntament amb la desgana dels més joves, que venen ressacosos de la nit abans. Diuen que se'ls va fer tard, farts d'esperar que s'acabés el ball de l'envelat, que ja sabem que als pobles es comparteix escenari i fins que no acaba l'orquestra de la Bisbal de l'Empordà no pot començar a punxar el pinxo del poble. I amb això se'ls fan les tantes i es complica la nit.

Viure la festa major és fer cua a les firetes i deixar-t'hi el sou extra de l'estiu, a menys que tinguis uns avis generosos, d'aquests que et donen les monedes de sotamà com si fossin traficants de drogues. La festa major i la fira és patir atacs de cor cada cop que veus com estan falcades les atraccions i el personal que les porta. Hiperventilar veient les criatures sobre el pop gegant perquè saps que no ha passat cap control de seguretat ni avaluació de riscos laborals, i que només et queda resar tres parenostres perquè surtin vius del tren de la bruixa. I acabem tots sempre repetint que és millor guardar tots els diners de les fitxes i anar un dia al Tibidabo, que t'estalviaràs disgustos, plors i patiment.

La festa major és matriarcat, són dones organitzant cases, taules i curses per anar a veure els gegants. Són dies de trobar-se, dies d'alegria i de vespres a la fresca. Les festes són l'ànima dels pobles i de les famílies. I nosaltres diem: «Visca les festes majors!».

20 d'agost
Fugim amb les amigues

Ja n'hem parlat, i necessitem escapar-nos, fugir. Com si fóssim Thelma i Louise, però intentarem no llançar-nos pel penya-segat, tot i que de ganes no ens en falten.

Necessitem dos dies de dormir fora de casa, no pensar en feina, nens, amants, extraescolars, l'IVA, la inseminació fallida, les crisis de parella i la mare que ho va parir tot.

Hem decidit crear una llista de difusió perquè tenim les hiperventilades que s'atabalen amb els grups de WhatsApp. Escrivim: «Perres, marxem un cap de setmana. Qui s'hi vulgui apuntar que m'ho confirmi abans de divendres i faig un grup per organitzar-nos».

Hi ha aquell moment de pausa que pensem: «Si no hi ha quòrum, canviem d'amigues». Però no passa gairebé mai, totes s'hi apunten, després ja vindrà el drama.

Sempre hi ha aquella que creies que no vindria, però que ha dit que sí a la primera, i aquella que ja saps que sempre té excuses i que la seva vida és un avorriment absolut i, en canvi, diu que no pot. Ja s'ho farà!

No entrarem en detalls perquè quan llegeixi aquest llibre se sentirà ferida i atacada i haurem de sortir del país cames ajudeu-me, però de ganes de faltar-li no ens en falten!

Grup fet.

Ara toca organitzar-nos: una que vol marxar dissabte al matí en comptes de divendres; l'altra que necessita una habitació per a ella sola, perquè, si no, no pot cagar al matí; la que tot li sembla car, però en canvi es gasta més pasta en roba que el nostre pressupost anual al súper; la que està nerviosa perquè mai surt de casa i tot se li fa una muntanya; la vegetariana que ja pateix per on anirem a fer els dinars i sopars; una altra que encara és més rata que totes juntes i tot li semblarà car…

Ja comencem a pensar a anul·lar-ho tot i marxar nosaltres dues soles.

I quan aconseguim el destí després de vuit quadrants d'excel i vuitanta-dues visites a l'Skyscanner, resulta que el lloc triat torna a ser putuMadrid. Sempre acabem igual, somiant en platgeta, balnearis, massatges a la xona i acabem al fotut Retiro. I és que, per molt cosmopolites que ens creguem les catalanes, el nostre país està encara per fer i créixer. Que sí, que Barcelona té de tot i bla-bla-bla… però vols sortir a prendre una canya un dimecres a la nit i no saps on dar-la.

Per un moment ens passa pel cap fer aquella merda d'app de viatges sorpresa on poses 150 euros a fons perdut i et pot tocar algun destí fascinant. Us en farem un espòiler: sempre sempre surt PORTO. Mai Londres ni París ni Roma. No us arrisqueu, perquè els portuguesos són lletjos i, per poc afavorits, ja tenim els companys de feina.

I com és un cap de setmana d'agost a Madrid? Doncs com la resta de l'any però fregides de calor. Mig menopàusiques que estem la majoria i amb quaranta graus a l'ombra. Gran Vía amunt i avall amb els serrells estarrufats, la regatera suada i el poc maquillatge que ens queda ens regalima dins l'últim gintònic que ens prendrem aquest estiu juntes.

O sigui, que tindrem les mateixes fotos de fa vint anys, però ara vint anys més velles i suades.

Arriba el moment en què una de les nostres no aguanta més, vol fer-se la pedicura en un lloc amb un bon aire condicionat. Ep, no! Així com així no s'abandona el grup. Qui vol fer alguna altra cosa fora del que hem decidit ha d'enviar al grup la seva localització en directe durant les properes vuit hores. No volem més ensurts. La Nur ens va desaparèixer el 2019 i ens va donar un disgust de ca l'ample. Va anar a fer-se un massatge i va acabar tancada en un local fosc amb un senyor estranyíssim i va arribar fins i tot a témer per la seva vida. Mentre nosaltres preníem canyes a la Plaza de la Paja, ella estava en mans d'un fibrat argentí sense samarreta que la va fer estirar a terra damunt una tovallola. Mira que l'hem avisat durant anys que no pot ser així d'eixelebrada i que quan va arribar al lloc i va veure que no hi havia llitera ni olis ni espelmes i hi va trobar un senyor mig despullat, ja li haurien d'haver saltat les alarmes!

Total, el malparit va estafar-li 35 euros i va sortir més contracturada del que ja estava. Pel que podria haver passat, prou bé.

I les històries es repeteixen: una enfadada perquè és la que sempre paga més que la resta, l'altra que sempre vol pujar a la barqueta del Retiro, la que vesteix tan malament que hem de descartar qualsevol visita al local *pijo* per estalviar-li de fer el ridícul, i la que a quarts de dotze ja vol anar a dormir perquè no aguanta una festa.

Els tres dies només han servit per poder llevar-nos a quarts de quinze, anar borratxes des de les nou del matí, no haver de pensar en la intendència diària de casa, que és el que ens resta anys de vida, i parlar i parlar de nosaltres i explicar-nos les nostres merdes del dia a dia. Només per això ja ha valgut la pena: la teràpia de grup amb les amigues ens estalvia hores i hores de consulta al psicòleg.

Tornem a casa amb la creença que les merdes compartides ens fan sentir menys desgraciades i amb la certesa que les vacances de veritat no són mai amb la família que et toca, sinó la que esculls.

29 d'agost
Quimeres i desenganys fan tornar els cabells blancs

L'agost per a les titiriteres és un mes de patiment perquè no treballarem gaire i, per tant, tampoc cobrarem. És el gran càstig dels autònoms: si decideixes fer uns dies de vacances acabes gastant uns diners que no guanyes. I amb què comptem? Doncs, amb una mica de sort, si la renda ens surt a retornar i ens els ingressen abans de l'estiu, podrem acabar de passar el mes. Ara, que sapigueu que la renda que ens tornen no és cap regal, tot i que quan ens truca la gestora i ens diu que toca a retornar, ho celebrem com si haguéssim guanyat la Grossa: «Ai, que bé, em tornen 1.000 euros aquest any!». Aquella felicitat d'ignorant i de conformar-se amb poca cosa. Coi, que aquells diners ja eren nostres! També us he de dir que si l'Estat no ens robés així, no tindríem aquests sotracs.

L'agost és aquell mes en què esperem les trucades dels projectes que ens han promès. Feines que ens han avançat que faríem durant l'any i que comencen a agafar forma amb la tornada dels equips aquesta última setmana.

Així que nosaltres aquests dies fem de tot menys descansar. Tenim el cap funcionant a mil per hora, pensant com sobreviurem al setembre. Sacsejades professionals, quan veus que presenten la nova temporada i que no tens cap col·laboració confirmada.

Però aquest any a l'ansietat d'aquesta incertesa s'hi suma un tsunami personal que ens trenca tots els esquemes: LA INFIDELITAT.

Així, amb totes les lletres. El marit ens ha fotut les banyes. Aquell a qui cada cop que li has parlat d'obrir la parella gairebé li agafa un ictus, que no entén i jutja les parelles que han tingut afers extramatrimonials... Doncs aquest ara resulta que l'hem enxampat amb una altra.

Que sí, que som modernes, obertes, independents... però després de l'hòstia de realitat el que més malícia ens fa és: com ho has fet tan malament perquè t'acabem descobrint?

Tantes carreres i tants màsters i ha sigut incapaç d'esborrar el rastre de la seva infidelitat.

Mira que ens ho diuen, que el mòbil acabarà amb totes les relacions humanes i de parella també! No podeu fer-vos fotos, ni enviar missatges porcots, si després no sabeu eliminar l'historial. No cal tenir cap doctorat ni la llicenciatura acabada per saber que si tens una amant no pots deixar el mòbil al rebedor amb les notificacions flotants obertes.

Nosaltres venim del món del periodisme, sabem fer preguntes, analitzem la vida dels altres a través de les xarxes. Com coi voleu que quan passa alguna cosa estranya amb el senyor que comparteixes llit no ens en adonem?

Així que, imbècils rematats, ja sabem que la fidelitat i l'amor per sempre no existeix, però voleu fer el favor de no deixar rastre digital? Que som expertes en relacions des del 1714! Dominem tant la investigació de xoxoneig que podríem tenir un despatxet al departament de delictes informàtics dels Mossos d'Esquadra! Que el mateix Trapero ens podria fitxar per resoldre crims passionals. Ho descobrirem tot, perquè sou uns sapastres.

Per començar, heu canviat les rutines, cosa que ha fet grinyolar el nostre sistema mental: el sexe baixa en picat, us depileu l'entrecuix, sortiu a fer feines d'urgència un diumenge al vespre... i feu idiotades amb una poca naturalitat que és impossible no enxampar-vos.

Si ho feu, feu-ho bé, collons! Que nosaltres no ho volem saber.

Com si amb això no n'hi hagués prou, a sobre sempre trien el pitjor moment de la nostra vida per enganyar-nos: embarassades, acabant de parir, amb la menopausa... Heu de saber que no ens podeu donar disgustos tenint el cos en contra, que acabareu de destruir la poca estabilitat mental que ens queda.

Un cop assumit el xoc inicial, arriba el moment de les explicacions. Excuses que no ens calen si apreneu a fer-ho bé. Nosaltres tenim un *cum laude* en relacions i flirteig, que hem passat una adolescència i una joventut de merda. Sabem tot el que ha passat. Efectivament, amigues, se n'ha follat una altra tant com ha pogut i ara ha deixat de fer-ho perquè l'hem enxampat.

Dit tot això, amb aquest disgust que portem a sobre, l'única cosa que podem fer és esperar un miracle de la Moreneta. Perquè només hi ha dues sortides: o bé reconèixer que la monogàmia és una estafa i que a partir d'ara la llibertat sexual serà el mantra a casa nostra, o bé fer-li dos petons, desitjar-li sort i bon vent i barca nova.

Setembre

2 de setembre
Ens divorciem?

Qui no ha pensat algun cop a la vida a divorciar-se és que menteix o que ja no té esma ni per respirar. Més enllà de si les relacions de parella funcionen o no, hi ha una cosa més important: les necessitats individuals. Potser comparteixes la vida amb el millor marit del món, o estàs fent un *living apart together* amb la tia més canyera del Pallars Lluçà, però el que sí que tens en algun moment de la relació són ganes de volar sola. Si ja t'has passat mitja vida compartint habitació amb els germans i l'altra mitja amb un senyor que vas conèixer una nit de festa al Merlín del Poblenou, com no pots tenir ganes de viure sola un temps?

Ens direu que és molt de cuixa forta voler estar sola i fer el que et rota. Doncs sí. Aquella fantasia d'anar a dormir i no tenir ningú que et ronqui a prop del clatell, ni que t'esbufegui a cau d'orella, llevar-te quan el cor et diu prou i no perquè sentis la puta cullereta donant voltes a la tassa del cafè com si fossin les campanades de Cap d'Any. Esmorzar sense que ningú t'emprenyi comentant la notícia de no-sé-què-coi del PP que ha tornat a robar i, sobretot, follar-te a qui més t'agradi després d'una nit de festa sense necessitat de tornar-lo a veure mai més. Ens passen pel cap tot de situacions en què estar sola seria una meravella. No és estrany, doncs, que el nostre país estigui cada any entre els top cinc de les comunitats amb més divorcis. Imagina't que, a sobre de totes les meravelles que té la soledat, et toca compartir la vida amb un dropo... Trigaries cinc segons a tornar-lo a casa dels seus pares, d'on no hauria de sortir fins que aprovés cinquè de curs de sensibilitat i de bones praxis sexuals. Perquè hi ha dues coses que ens rebenten dels homes: una és que no tinguin ni ofici ni benefici, que siguin de treballar poc. Ens agraden els pencaires i els atrafegats, que per fer el ronso ja tenim els *influencers*. I l'altra és que siguin uns sapastres al llit. Li has fet veure set vegades porno feminista i encara no ha enganxat que menjar-te el cony sense esperar una palla a canvi és el millor regal que et pot fer. A vegades sents a dir a tios que ella no té tantes ganes de follar com abans, que no en té mai ganes o que fins i tot es fa amb calendari i cita prèvia en mà. El que no els agrada és el sexe amb vosaltres, el mal sexe. No ens agraden els homes avorrits, ni poc generosos, ni els que tenen límits. Així que, si ets un d'aquests, tard o d'hora acabaràs sol en un pis de lloguer de dues habitacions a Gràcia o tornant a la casa de Ripoll amb els pares, que tenen setanta-vuit anys i ja no estan per a romanços.

Les catalanes som dones independents, lliures i empoderades. Quan una amiga ens explica que a casa el senyor o la senyora que té al costat no és capaç ni de posar la roba interior al cubell de la roba bruta, ja sabem com acabarà. Volem ser la parella i no les mainaderes. Som detectores a quaranta carrers vista que aquella parella fa aigües pertot arreu! La que no és capaç de tenir una conversa sense fer la pedant, el que quan toca gestió familiar de criatures extraescolars s'inventa reunions i trucades fins a les tantes, el que no trempa i abans d'anar a l'uròleg prefereix conformar-se veient porno d'amagat, el que li agrada tenir família per comoditat, però es folla totes les que li diuen que sí.

Gràcies a la Mare de Déu de Montserrat, nosaltres, que sabem esperar, triar i remenar, tenim els millors marits del món, amb qui val la pena compartir la vida, i que tenen prou sentit de l'humor per saber fotre's un fart de riure quan llegeixin les nostres merdes que escrivim en aquest llibre.

4 de setembre
Benvinguda, menopausa!

Avui vull parlar de la menopausa en singular. Tot i que no és una qüestió d'edat, ja sabem quina de les dues està entre els quaranta-cinc i els cinquanta-cinc, i quina de les dues hi està ben fotuda de cap. Qui la pateix molt abans no esdevé ni més vella ni més deteriorada ni més inservible, que l'estigmatització no la faré pas jo des d'aquí. Aquells fogots i el regalim per l'esquena que van començar aquell juny del 2022 no eren pas per l'onada de calor, sinó per l'etapa que començava. Em vaig trobar buscant com una desesperada un ventall que feia anar a tota hòstia per les terrasses quan les meves amigues em miraven fent uns ulls com unes taronges mentre es posaven la rebequeta a l'esquena. Fins llavors no entenia per què les senyores porten un vano al bolso, sempre havia pensat que era per boicotejar els actes de festa major amb el claca-claca amunt i avall.

Abans de tot això, el que sí que vam passar juntes és el xou de la regla durant la covid. Si ja durant segles ha estat un tabú, durant la pandèmia, amb les vacunes i havent passat la malaltia, es va convertir en un seguit d'esdeveniments inesperats. Vam haver d'esperar gairebé dos anys perquè se'n fessin estudis concloents.

Totes sabem que amb les vacunes i amb el virus se'ns va

desajustar, o per massa o per massa poc. Vam tenir cicles de quinze dies, sagnats durant una setmana i mitja seguida, color fosc que semblava petroli o desaparicions a l'estil Mago Pop.

I què va fer la comunitat mèdica? Doncs en un principi res. Perquè les desigualtats de gènere també hi són en el món de la investigació.

Però aquest cop vam queixar-nos, vam fotre el crit al cel i vam revolucionar les xarxes. Si ells amb la vacuna haguessin perdut trempamenta o centímetres de polla, ja us asseguro que els estudis serien incomptables i més ràpids que la vacuna. El món de la recerca s'hauria revolucionat i, evidentment, tot estaria solucionat amb algun medicament subvencionat per la sanitat pública. Però treure coàguls com punys pel cony... «Bah, no és res! Coses pitjors heu tret per la xona, us queixareu ara per tenir la regla un parell de cops al mes!». Ara, finalment es va reconèixer que sí, que la regla i el cicle es van veure afectats per la covid i amb la vacuna.

Ja estem acostumades a morir d'un infart i que no se'ns faci cas perquè, esclar, quan les dones arribem al metge amb dolors estranys, sempre es dona la culpa a l'ansietat. No cal fer-nos gaire cas perquè d'entrada sempre tenim nervis i estem estressades. I què passa? Que estem a punt de tenir un atac al cor, i no precisament perquè el nostre *crush* ens hagi començat a escriure després de vint mesos en silenci, sinó perquè som les últimes de la unitat familiar a visitar un metge, perquè nosaltres «ho anem passant».

I, com deia, un cop passada la pandèmia, servidora va entrar en la menopausa. Per començar he decidit canviar a ginecòloga, a una dona. Si estic en la menopausa necessito algú que empatitzi més. Ja m'ha passat allò d'explicar-li el meu mal d'ovaris o el mal de pits a un senyor i ell mirar-me profundament dient: «Ahà». Però què cony has de saber, tuuuuuu?

Com ens han enganyat així? És com anar al nefròleg i que ell no hagi passat mai per un còlic de ronyó. No et pot entendre mai!

I per parlar de menopausa necessitem una senyora que ens entengui els fogots, el mal humor, la sensació de no agradar mai més a ningú i, sobretot, que ens ajudi a treure els estigmes que van associats a aquesta etapa de la vida!

Ja n'hem tingut prou, de flagel·lacions i vergonyes per tenir la regla, perquè, a sobre, ara hàgim de tornar a repetir patrons per no tenir-la. Dones menopàusiques... estem estupendes!

18 de setembre
La fidelitat està sobrevalorada

L'oxitocina és una hormona que s'allibera en el part, durant l'orgasme o quan s'està enamorat. Uns investigadors alemanys en van donar a través d'un aerosol nasal a un grup d'homes heterosexuals i les conclusions van ser aclaparadores: amb l'hormona dins el cos, eren més fidels. De debò que això mereix un llibre a part.

El paper clau de l'oxitocina per a la fidelitat ja s'havia provat en animals: en rates, que segur que ja d'entrada deuen ser més lleials que molts homes que hem conegut. Però el que fa aquest estudi és afegir més merda sobre les dones. Com que nosaltres fem les dues coses, orgasmar i parir, doncs alliberem oxitocina a dojo. I per això ens enamorem de la persona que tenim davant durant una cosa o l'altra. O sigui que zero romanticisme, que no estem boges ni cal que ens demaneu una ordre d'allunyament si després d'un clau us volem abraçar, que tot ve a ser pura química.

En canvi, ells només alliberen oxitocina follant. Curiós! I encara us estranya que passi el que passa al món? Cony! Que només els dura tres segons l'enamorament i la fidelitat, tres segons de realitat! La resta són convencionalismes socials. Això vol dir que si l'home té relacions sexuals molt seguides amb la persona amb qui comparteix el nucli familiar ja no necessita res més perquè té oxitocina constantment i s'enamora cada dia de la persona que té a casa?

En el nostre estudi particular sobre fidelitat tenim un experiment comprovat. El problema a casa comença el dia que comencen a depilar-se els ous. La investigació científica hauria d'anar cap aquí. No ho havien fet mai en cinc anys de matrimoni i de cop la màquina d'afaitar comença a sonar d'amagatotis setmana sí setmana també.

També podria haver-hi estudis centrats en el dia que t'adones que a l'hora de vestir-se no trien la samarreta que hi ha a sobre de tot de la pila. Que ja no l'agafen a la babalà sense mirar ni pensar. El dia que els vegeu remenant samarretes i emprovant-se-les, quan sempre s'havien limitat a estirar... oju!

Aquests canvis de rutines han de fer saltar totes les alarmes. Però també hi podem afegir el perfum, un horari girat, baixar la brossa amb el mòbil... Faci el que faci, el nostre consell de merda és que no mireu per la finestra ni el seguiu, perquè acabareu enxampant-lo mentre es morreja amb la veïna entre el contenidor del plàstic i el del paper.

Nosaltres hem decidit fer els ulls cecs i mirar cap a una altra banda, que segur que ens anirà molt millor la vida. La fidelitat està sobrevalorada, i a nosaltres ja no ens tornarà a passar, que ja sabeu que la curiositat va matar el gat.

Nosaltres el que volem és que quan torni de comprar porti iogurts de La Fageda i no Danone, que tinguem Coca-Cola Zero de vidre a la nevera i no llaunes i que sempre hi hagi Nutella i no Nocilla. Aquesta és l'autèntica lleialtat amb una parella. Els lligams van molt més enllà del sexe esporàdic amb un qualsevol que ni fred ni calor.

L'autèntic compromís és que cap dels dos es presenti un

aniversari amb un pastís prefabricat del Mercadona i hagi passat per can Baires un cop més. Lleialtat és no fallar amb les coses que importen, que no volem substituts ni succedanis, que amb les coses del menjar no s'hi juga.

27 de setembre
L'astrologia entra a la nostra vida

Si hi ha una fal·lera en els darrers anys que s'ha posat de moda és la de seguir l'horòscop i tota mena de comptes a les xarxes sobre astrologia i despertars espirituals. Durant el confinament, sobretot, que res tenia sentit, hi va haver un interès creixent per saber coses del més enllà. Van ser temps en què era fàcil desesperar-se, necessitàvem explicacions i saber cap on aniria tot allò que ningú podia controlar. Així va ser com totes aquelles persones que encara no havien provat mai de sentir el poder dels astres i la seva influència van començar a deixar entrar l'astrologia a casa seva. Però no val per a tothom, perquè una de nosaltres és l'espiritual i l'altra, una autèntica descreguda que fins i tot després de tenir-ne proves evidents continua negant l'existència d'una força major que ho mou tot. I això que després és la que té mal humor quan hi ha lluna plena. Per a una de les dues, decidir el dia de tallar-se els cabells, emprendre una conversa del cor o demanar un augment de sou depèn de la lectura que hagi fet de la posició dels planetes d'aquell dia. Per una, el culpable de tenir un bon dia o no, no és pas un missatge desafortunat del seu *crush*, sinó que la lluna és plena i ha mal interpretat els emojis. Ella és la que no mou fitxa en una relació si sap que Mart està exiliat o que no plantejaria mai anar a viure junts a alguna parella quan té Neptú sobre la casa tres.

El que sí que sabem és que seguir l'horòscop ja no és allò que es feia abans de llegir quatre línies en un diari qualsevol. Ara tenim unes eines brutals. Comptes d'Instagram específics per a cada signe, comunitats de despertars espirituals amb meditacions grupals, grups de Telegram amb informació del cel, la posició dels astres i consells del dia. La gent ens aferrem a tot això perquè hem perdut la fe en el destí i en les persones. I les pubilles de cuixa forta no volem deixar les decisions en mans de l'atzar ni esperar que la fortuna ens porti allò que el cel vulgui. Nosaltres volem saber la informació amb antelació i, si no ens agrada, reconduir-la. Volem saber amb temps com ens anirà el dia, la setmana o el mes i poder prendre decisions.

Nosaltres meditem, tenim vida interior, aprenem a fer rituals per si alguna cosa se'ns torça i no ens n'avergonyim, que vosaltres heu anat molts anys a missa i no us ha passat pas res. Ens preparem per a la lluna plena a Àries, per a nous començaments, i això ens dona la il·lusió per tirar-li la canya al xulasso a qui mai ens havíem atrevit a dir res.

Gràcies a l'astrologia sabem que no podem anar un altre cap de setmana amb els del rugbi perquè l'oposició Venus i Saturn faria que acabéssim esbatussats per qui s'acaba l'últim tall de coc, que és bona idea comprar-se un cotxe a finals d'any perquè les finances estan beneïdes per la lluna d'abril i, sobretot, que aquest llibre serà un èxit absolut perquè ho diem nosaltres i perquè ens encomanem a la Moreneta cada vespre abans d'anar a dormir.

Octubre

1 d'octubre
Deixar de fumar, ni oblit ni perdó

Som exfumadores, com gairebé el 90 % de la generació que vam ser adolescents entre els vuitanta i els noranta. Però en quina merda de moment ens van fer creure que fumar feia guai? No hi ha res més fastigós que l'alè d'un fumador i aquella roba amb baf de nicotina, les dents mig grogues i plenes de taques. No s'entén. Nosaltres vam començar a fumar que no havíem fet ni els quinze anys. Podíem comprar tabac als estancs, als bars i fins i tot cigarros d'un en un, i ningú ens preguntava l'edat. Bàsicament perquè els pares ens enviaven a comprar el seu, sense cap mena de remordiment. I tampoc tenien cap problema per fumar dins del cotxe des de la Panadella fins a Llançà. I vinga fotre merda als pulmons de la canalla. Però ep, no et mengis les ungles que fa porca!

Però ja sabem que la nicotina és per a nosaltres la pitjor de les addiccions. Coneixem gent que ha estat capaç de desenganxar-se de la cocaïna però no té nassos de deixar l'hàbit del tabac... Que no ens enganyin, doncs, que els cigarros deuen portar alguna merda secreta que ens crea aquesta addicció de per vida. Només qui ha deixat de fumar sap què és deixar de fumar. Només qui ha deixat de fumar sap les ganes que tens sempre de tornar a fer una pipada després d'un bon sopar o d'una bona cervesa. Ni els ingredients de la Coca-Cola ni la composició del bòtox... el veritable secret és la fórmula del tabac que ha estat capaç de fondre'ns una part del cervell.

Quan érem adolescents vam anar a Londres, òbviament fumant dins l'avió. Es podia triar seient de fumador o de no fumador! Com si en algun lloc estigués airejat. Això sí, quan vam arribar a la ciutat tot eren prohibicions: a l'aeroport es fumava a les peixeres tancades, al metro estava prohibit, a molts restaurants també... Vam quedar espantades, però el terror més absolut va arribar quan les prohibicions es van fer efectives al nostre país. I ningú es creia que s'arribaria a fer! Ja no es podia fumar ni a la universitat, ni durant els exàmens, ni als autocars, ni a les discoteques, ni al cinema, ni a la televisió es podia veure gent fent pipades. Vam arribar a pensar que mai més podríem prendre un cafè en un bar, perquè era impensable fer-ho sense fumar. I ho hem aconseguit. De miracle, però ho hem aconseguit. Si hem sigut capaces de no fer dues pipades de cigarro després de follar, del tallat o del dinar familiar, ja ho hem superat tot. Ni un missatge de l'exnòvio més filldeputa ens pot amargar el dia.

Ja deixem per escrit que nosaltres, les exionquis, no en volem saber res més, del tabac. Que cap morenàs se'ns acosti si fuma, que no volem petons amb pudor de cendrer ni llengües menjant res amb gust de burilla.

Tot i tenir-ho tan clar, molts cops hem estat a punt de cagar-la i de voler-hi tornar perquè som molt d'enganxar-nos a coses que no ens convenen. Sort en tenim de no haver tastat mai cap altra droga, que ja sabem que tot el que ens genera plaer ho convertim en una addicció, perquè som intenses de mena. Esquivarem els Marlboro Light i els homes que ens activen l'oxitocina fins al final dels nostres dies perquè la temptació la tenim als morros cada dia. Amb aquesta imatge que tenim d'agosarades i dolentotes, ens han ofert massa vegades cigarros, puros o cristall per gaudir més de les festes. Fins i tot ens han cantat les excel·lències de practicar sexe collocades de MDMA. Però mireu, som de moltes coses, però de drogues, no. No ho hem sigut mai i no tenim edat per començar, que ja perdem prou el cap i el cony amb el surfista malagueny de cada any i no volem tornar a patir.

No està de moda ni drogar-se ni fumar, ni ho estarà mai. Si tenim un mal dia, preferim una meditació o un Lexatin per dormir, i tal dia farà un any. El que sí que ens fa perdre el son és com ho explicarem, tot això, a les nostres criatures perquè no ho provin.

Per tant, ara per ara, vista la nostra experiència: perlamortdedeu, no fumeu. I si fumeu, recordeu: no tireu les burilles per la finestra ni a terra, us recomanem que us mengeu el fum i les burilles també, que de fillsdeputa que ens han cremat el país en tenim uns quants.

8 d'octubre
Anar a recollir premis amb texans

En quin país modern, republicà i avançat es farien uns premis de cinema i la gent aniria a recollir-los amb texans i samarreta? Doncs a Catalunya!

I per què ho fem, això, si tenim una llarga tradició de territori d'indústria tèxtil? Si tenim pobles sencers que han viscut dels telers, si vam ser els primers d'aprofitar les lleres dels rius per posar-hi fàbriques de filatures, si molts dels nostres pobles van tenir electricitat gràcies a les turbines instal·lades a les fàbriques... com pot ser que ara els paguem tot aquest esforç amb el menysteniment d'una gala de cinema vestint trajos de tercera regional? Com podem decebre el nostre públic anant a un escenari a presentar la pel·lícula de l'any amb un vestit de tergal aprofitat de l'últim casament de la cosina de Reus? Què dirien els nostres avantpassats si ens veiessin en una catifa vermella amb anorac o faldilla curta? Pronunciar un discurs amb el coll de la camisa desbocat i entrebancar-se amb totes les frases per acabar excusant-se i dient que estàs nerviós, quan ets un actor que acabes de ser premiat amb el guardó al millor actor de l'any. Fer-te el sorprès, fer-te el nerviós, seria motiu de sobres per prendre-te'l.

Podeu parar de fer el ridícul en festes i festetes catalanes amb el vestuari? No val l'excusa de dir que no sou premiats o no esteu nominats i que no cal arreglar-vos tant. Això no us dona dret a res, i menys a anar fets uns desmanegats. Estem convidats! I amb això, només amb això, hem de mostrar respecte i educació a qui ens ha buscat lloc entre un aforament privilegiat.

Cada situació té un *dresscode* (casa teva, el teu sofà, el Parlament o la festa amb les teves amigues) i totes mereixen un respecte, el mateix que et mereix la teva àvia quan vas a veure-la vestida i empolainada sent diumenge i que potser preferiries visitar-la amb pijama i sabatilles. La comoditat no és excusa de res. A nosaltres ens encanta anar despullades per casa i això no fa que ens presentem a treballar així, perquè hi ha una entesa, un codi de vestimenta, que s'ha de seguir, ens agradi o no.

Dels talons en parlaríem en un altre capítol. Una cosa és arreglar-se i l'altra torturar-se. El dia que facin talons d'agulla i puntes opressores per als homes, ja en parlarem. Mentrestant, nosaltres seguirem anant amb vambes o botes militars: això sí, amb vestit impecable i seguint el codi de vestimenta, que necessitem caminar i no pas arrossegar-nos com cucs per la catifa vermella per culpa dels galindons i les llagues.

I podem parlar de la reivindicació, d'allò que feu, aprofitant que recolliu un premi, de reclamar més atenció i més respecte i ajuts al sector del cinema, de la música o de la poesia, posant contra les cordes la consellera present de torn. No demaneu un respecte que vosaltres no teniu ni per les estilistes de la gala, traint a últim moment amb un complement o una sabata no pactada, o bé no utilitzant dissenys del país que representeu. La moda, la confecció, és art i és cultura. Les modistes, cosidores, patronistes i dissenyadores són artistes i treballen pel país. Necessiten el nostre suport i el nostre ajut.

Les gales han de fomentar la inclusió de tot tipus d'expressió artística: el cinema, la música, l'escriptura i també la moda. No ens fa més frívoles portar l'últim modelet de la Txell Miras o d'Another Archive, perquè això és art, i lluir-ho encara més.

16 d'octubre
Som boletaires

Arriba la temporada del boletaire. Nosaltres, que som mig de poble i mig de ciutat, no hem practicat gaire aquest esport de risc, però tenim amics que en són uns autèntics experts. Hi ha qui es lleva a les quatre de la matinada per conduir durant tres-cents quilòmetres per arreplegar sis llenegues, però després no li diguis que faci cua al mercat per comprar peix per a la paella del diumenge, que és de sonats. Són dels que dormen al cotxe per ser els primers al bosc, però no canvien bolquers a mitjanit, que els trenques la fase REM i llavors tenen mal de cap dos dies seguits. Coneixem gent que han matinat massa dels nervis i arriben tan d'hora al bosc que encara és de nit i han d'esperar que surti el sol per poder collir rovellons.

Aquests experts del bolet són els que porten l'uniforme de boletaire, que sempre duen els mateixos pantalons de la sort i que no els poden rentar per no perdre la impermeabilitat i l'essència. Són els que van amb la pallaresa a la butxaca, els que saben si s'ha d'arrancar o tallar, els que van amb senalla de vímet i gorra al cap. Uns autèntics professionals que han convertit una afició en una competició. Aquests mai fan fotos dels llocs ni comparteixen les ubicacions, però van cantant el pes de les cistelles en les converses del bar. I acaben omplint el cap als que mai han anat al bosc i els pobres il·luminats que pensen que fer diumenge una excursió amb tota la família és un bon pla de tardor.

Aquests els coneixereu perquè són els que criden al bosc quan troben una manta de camagrocs: «Aquííí, correu, veniu, són tots aquí!». Els engrescats que collint s'acaben perdent i han de trucar al RACC perquè els rescati a la muntanya, perquè se'ls ha fet de nit i no saben com tornar. Són dels que embruten els boscos i ho deixen tot trinxat, perquè l'únic que volen és anar a buscar coses gratuïtes a la natura. Els que tant els fa si són cargols, espàrrecs, codonys o figues... quatre coses que generen mania i fascinació a parts iguals. Però com que són gratis o els roben dels trossos, apa, som-hi tots.

Això sí, ningú se'n recorda que totes aquestes coses que la terra et regala s'han de cuinar. No sé si volem saber si aquests que cullen vint-i-cinc quilos de bolets per setmana també els netegen i els cuinen. Si són ells qui els escalden, els congelen i en fan conserves. M'agradaria saber si hi ha paritat, si hi ha més homes que cullen bolets que dones, sobretot amb aquesta fal·lera. Si hi ha traces de masclisme en aquest esport o si és cosa d'homes collir sense parar com si fossin trofeus de caça. Volem saber si encara hi ha més homes que dones boletaires, per aquella cosa que fa molt mascle portar menjar a la família, però després es desentenen de cuinar-los. Que sabem que als pobles encara es porten milions de cistelles a les matriarques perquè netegin els bolets i els cuinin. Ens agradaria saber si han canviat les pràctiques, si no hi ha, una vegada més, en un acte tan quotidià i català, una mostra de masclisme velat més d'aquest país.

30 d'octubre
La muntanya russa de la nostra vida

Últimament ens hem acostumat a fer les visites a parcs d'atraccions amb amics i famílies amb qui ens avenim. Anar en grup fa que les eternes cues siguin més distretes, però ara ja saps que és impossible posar-se d'acord en moltes coses: l'hora de menjar, l'ordre de les atraccions per pujar... I sempre hi ha qui vol totes les polseretes amb els *fast pass* per no fer cua. Però noi, no veus que ens deixes a la resta de pobres miserables? No veus que gastar-te tres-cents euros en un passi per no fer cues és un robatori?

Després hi ha els que porten porqueries per a mitja tarda, que encara fan més difícil que les nostres criatures vulguin els fruits secs i els plàtans que els hem portat talladets a la carmanyola. I queden al fons del cotxet mig triturats i amb un aspecte lamentable.

L'únic denominador comú en els parcs d'atraccions és la puta merda del menjar. Ni és bo ni és barat i ni és saludable. Empreses de menjar sa, feu el favor d'invertir en els parcs temàtics. Pagarem el que sigui. Si ja hem arribat a gastar-nos deu euros per un puto frankfurt amb gust de plastificat i vint-i-cinc per una samarreta de la mascota del parc, com voleu que no paguem per no rebentar-nos el fetge, el nostre i el de les nostres criatures?

Una distracció que tenim és analitzar quin tipus de persones fan cua a les atraccions. Aviam, parelles amb una edat i sense fills: que coi hi feu, allà? És una mena de promesa a la Moreneta perquè us curi el lupus? A partir dels vint-i-quatre anys ningú amb un mínim de vida social pot voler anar voluntàriament a un parc d'atraccions. I si el manso de qui us heu enamorat us hi fa anar, fugiu tan ràpid com pugueu. Si vol veure sensacions infartants a nivell de Dragon Khan, que us mengi la xona com Déu mana i no us faci donar voltes en un tren, que acabes amb ganes de vomitar. Senyores amb talons, on us penseu que aneu? Que no heu sortit mai de casa? No sabeu arreglar-vos amb un *look casual sporty*? Senyors sense samarreta, vestiu-vos i poseu-vos desodorant, que la gent a les cues s'enganxa massa i no som ni parents per haver d'aguantar segons quines pudors. Feu el favor d'anar nets o depilats. Si no sou capaços de tenir l'aixella ben polida, traieu-vos la pelussera. Tant que pressioneu les dones quan les veieu amb pèls i heu de saber que aquestes melenes vostres fan angúnia. I què coi fan els avis per allà? De veritat que quan siguem àvies haurem de repetir aquest malson? No, amb nosaltres no hi compteu!

La traca final és a l'hora de tancar el parc, que sempre hi ha desfilada amb carrosses i tots els actors dels espectacles amb una música enganxosa que no et treus del cap durant dies. Els nens la volen veure, esclar, i per tant toca esperar i acabar a la botigueta de marxandatge estratègicament posada a la porta de sortida amb tots els seus personatges preferits.

Estem tots cansats i volem anar ja al cotxe per tirar cap a casa, i ara ens hem de barallar amb la canalla per no comprar un peluix? És com quan t'encapritxes d'aquell tio que tot l'estiu et fa rialletes al xiringuito de l'Escala i no tens cap més remei que follar-te'l. Doncs amb el peluix passa el mateix. No donaràs el disgust a la canalla de deixar-los sense la il·lusió final. El compres, pagues quaranta-cinc euros i poses el peluix a dins del llit de la criatura. I el paio del xiringuito, al teu.

Novembre

1 de novembre
Sí, som de Halloween

1 de novembre de 1989: el dia que estrenaves l'abric d'hivern i que et feien anar al cementiri a portar flors als teus familiars difunts. El dia que dinaves amb els avis que encara et quedaven vius i menjaves els panellets que havia fet la mare amb tant sucre que t'espetegaven les dents.

1 de novembre de 2023: el dia que la canalla es disfressa, fas festes a casa dels amics i van a buscar caramels pel veïnat. Ja no anem al cementiri perquè els nostres parents i amics estan incinerats, i fem galetes de formes i panellets amb moniato i sucre moreno per digerir-los millor.

Amb aquest panorama, quin coi de criatura vol tornar al Tots Sants del 91? Si és vint vegades millor celebrar el dia dels morts amb alegria i perruques que no pas amb aquella tristor i foscor amb què ho feien els nostres avis. El món ha evolucionat, la nostra educació és millor, ja no tenim ni el cristianisme ni la culpa rosegant-nos el clatell. Obrir-nos una mica la ment i contaminar-nos dels altres països que viuen la castanyada amb joia no és pas tan dolent com ens volen fer creure. Hi haurà sempre els *haters* que diuen que s'ha de fer la castanyada com la de tota la vida, a casa, amb recolliment, amb vi ranci i castanyes al foc. Però si ni tan sols tenim fogons de flama per coure-les i hem de fer invents estranys al forn!

Estem educant les nostres criatures amb llibertat, amb la idea que la mort no és un punt i final a la vida, donant-los referents de parents i amics que celebren funerals divertits... És normal, doncs, que no vulguin viure aquest dia com una festa trista. Negar-los la festa del Halloween és com tancar la finestra a tot allò que veuen a les xarxes, un dia per donar alegria a la tardor, per omplir aquell espai buit que hi ha entre les vacances de l'estiu i les festes de Nadal.

Intentar que no celebrin Halloween és anar contra natura. Inevitablement sabem que és part del consumisme i de la globalització, que ens estan bombardejant amb productes de decoració i activitats que no necessitem. Però també hi ha llibres, sèries, pel·lis i fins i tot PortAventura, que l'1 de setembre ja té les carbasses a punt. Sí, tot és negoci, però també és felicitat i ens ho podem combinar per no deixar la nostra castanyada a l'estacada. Per a nosaltres la tradició de veure la pel·lícula *Coco* per Tots Sants ens ha donat una eina importantíssima per poder explicar a les nostres filles com és la mort d'una persona estimada des de la tranquil·litat i saber transformar la pena i aquell sentiment de no tornar a veure algú mai més en una història bonica i reconfortant. Així que no tot és dolent, hem d'adaptar-nos als nous temps, i més si és per afegir a la nostra vida qualsevol cosa que aporti alegria i diversió. Els panellets, el moscatell i les castanyes sempre seran nostres.

Si som un país d'acollida, que hem demostrat que podem conviure amb altres cultures i que respectem les tradicions... per què no podem conviure i celebrar les castanyades amb disfresses de Halloween?

6 de novembre
Amigues flotadors

Avui tenim gabinet de crisi dels grossos. Tenim un abandonament, el més semblant als dels fillsdeputa que deixen el gos en un voral de la carretera quan s'ha fet gran aquell cadell que havien comprat per Nadal. Ens han deixat, per amor i per enèsima vegada aquest any. I no us penseu pas que som raretes ni estranyes ni complicades. Nosaltres només volíem gaudir del nostre amant sense complicacions i sense remordiments. Però ja sabeu que els hòmens no són mai massa valents en assumptes del cor quan el temps comença a anar en contra seva. Estem fartes de cagats i covards que fugen de les habitacions dels nostres apartaments com rates espantades.

Aquest text podria ser de quan teníem divuit anys, de quan en teníem vint, de quan ens vam divorciar, de quan vam trencar amb la darrera parella després de disset anys i un gos en comú... Perquè sempre serà vigent.

Tenim amigues que han rondat per tots els països del món seguint l'estela laboral de la seva parella, d'altres que han renunciat a la seva carrera per criar uns fills, d'altres que han cancel·lat plans d'amigues per passar més estona amb el nòvio, la nòvia o algú que ha estat tota la vida aguantant ser el segon plat amb falses promeses.

I aquest no és un capítol de rancor, és un capítol d'oda a

les nostres amigues, perquè el de venjança vindrà el dia que ens atrevim a publicar noms i cognoms. Per totes les vegades que ens han traït, enganyat i estafat. Per totes les vegades que no hem escoltat les nostres amigues, que no hem fet cas dels seus consells, o pels mil cops que ens han advertit que aquell no ens convenia. Per totes les vegades que hem mirat cap a una altra banda i hem excusat la persona amb falses interpretacions.

Els gabinets de crisi sempre han estat un raig de llum sobre la foscor, com un programa del Carles Porta. Unes hores en què s'ha vist clar tot allò que has estat aguantant durant molt de temps.

Aquest capítol va dedicat a les amigues cridades a files un diumenge d'octubre quan el drama no es pot aguantar més, quan la desesperació per tenir uns anys de treva amorosa i tranquil·litat del cor arriba al final. I elles arriben a la terrassa d'aquella que sempre posa la casa amb els seus cavalls alats i et salven la tarda i la vida, omplint-te de vi la copa i el cap fins a altes hores de la matinada.

Elles, que ens han avisat mil vegades que anàvem pel pedregar, elles que han fet un grup a part per comentar les bestieses que anaves cometent, elles que ja et van avisar... ara són aquí una altra vegada per fer veure que no passa res. Per dir-te que et mereixes molt més, per fer-te sentir la presidenta del país i fer-te adonar que pots menjar-te el món cada matí.

Elles, les que sempre hi són, les amigues, els flotadors de les nostres vides, gràcies. Gràcies per ser-hi malgrat tot i haver d'aguantar una vegada i una altra que ensopeguem amb la mateixa pedra. I a vosaltres, cabrons, gràcies per donar-nos temes per a aquest llibre. Eternament agraïdes.

18 de novembre
Les putes extraescolars

L'hem cagada. Sí, l'hem cagada, ho hem de reconèixer. No hem triat bé les extraescolars. Cada any ens ho pensem i repensem mil vegades perquè és prioritari que, quan s'acabi l'horari escolar, la canalla estigui distreta i nosaltres puguem acabar de conciliar el que queda de jornada laboral. Les titiriteres no tenim horaris, així que apuntem les criatures a allò que ens va bé a nosaltres, no a elles, perquè mai sabem quin dia treballarem o fins a quina hora estarem a tal rodatge.

Així que, triar per triar, buscarem l'extraescolar que ens quadri per horari i on hi hagi més pares heteros fornits, o sigui que aquest any toca rugbi. Res de poesia, classes de dibuix o robòtica, que allà els pares són lletjos o friquis. Així que, posats a perdre el temps, almenys recreem la vista.

Mentre la canalla era petita, tot ens era molt fàcil i elles no es queixaven gaire. Però a partir de quart de primària... Merda! Quan es fan grans, els horaris ja no són tan fàcils d'arreglar. De petits sí que acaben les classes cap a les cinc i ja de seguit comencen ballet o anglès. Però per què el coi de robòtica de sisè comença a quarts de set? Què collons fem amb aquella hora llarga que queda entremig? Al parc a perdre el temps? Que ens voleu matar? N'hi ha que gaudeixen fent de repartidors d'extraescolars, tota la tarda amunt i avall, però nosaltres no tenim vida per dedicar-la cada tarda a donar voltes.

I aquest any per què l'hem cagada? Doncs perquè la típica mare que té quadrants fins i tot per saber quan els nens fan pipí ens va convèncer per apuntar una de les filles a hiphop els dimarts i els dijous a quarts de set del vespre. Com ens hem pogut deixar enredar d'aquesta manera? Els pares que hi van no valen res, les mares són unes traumatitzades que el que voldrien és ballar elles en comptes de les seves filles, i ens hem complicat dos dies a la setmana. Ara anem com boges buscant alguna germana gran dels companys d'escola, que ja estigui a l'ESO, perquè ens faci mig de cangur i aquells dos dies, per 60 euros al mes, porti la nostra criatura a l'acadèmia de dansa. En quin moment li hem fet cas a aquesta mare que no té res a veure amb nosaltres? Si ella cada any fa coses estranyes. Recordem perfectament com a tercer de primària van recomanar-li que la seva criatura fes alguna extraescolar d'esport. Necessitava esbravar-se i compartir coses en equip. L'hi van dir ben clar: «Que faci algun esport d'equip». A nosaltres les activitats físiques que requereixin esforç ens semblen una meravella. Deixen les criatures trinxades i amb ganes d'anar a dormir aviat. Ni gotes de melatonina ni res. Tres dies a la setmana de bàsquet i oli en un llum. Doncs resulta que la mare va i apunta la nena a cant coral. Com a activitat de grup.

Poc ens passa encara a les famílies per no fer cas als mestres!

A nosaltres el que més ens sobta són els pares i mares que viuen les extraescolars dels fills com si fossin la seva màxima inversió empresarial. Veuen les seves criatures com una *startup* amb projecció de futur. Són dels entregats que no es perden cap entrenament, cap partit, que tenen tot l'equip i que parlen d'ells com a futures promeses de l'esport que practiquen. Només t'entregues a un esport així com a mare si t'estàs fent l'entrenadora del teu fill.

Que sapigueu que no arribarà a primera divisió, mai, no us flipeu. Cap nen us traurà de la pobresa. No són Messis ni Putellas ni Menguals, i no ho seran mai.

Feu vergonyeta animant-los com si us hi anés la vida i fent-los sessions de coaching pensant que arribaran a ser alguna cosa a la vida. Tindreu sort si arriben a ser treballadors autònoms que poden fer un raconet per pagar-se unes bones vacances. Potser si haguéssiu posat la nena a futbol i no pas el nen, encara tindríeu alguna opció, però com que segregueu els esports per gènere, us menjareu partits de merda de segona regional veient com el vostre fill corre amunt i avall cada dissabte d'aquí a l'eternitat.

I, a sobre, totes aquestes activitats sempre són caríssimes perquè necessiten estar federades. Així que passes totes les proves mèdiques, compres tota l'equipació, vas a tots els entrenaments com si fossis el pare de la Serena i la Venus Williams i, quan creus que tot s'encarrila, la criatura decideix deixar-ho perquè la seva amigueta ha començat a fer esgrima.

En l'apartat dels pares i mares flipats hi ha aquells que lleven la canalla a les sis del matí perquè a les set ja tenen entrenament. Us haurien de prendre la custòdia. Fer entrenar els nens abans d'anar a l'escola és motiu suficient perquè actuïn d'ofici els serveis socials. A aquelles hores no tenim activades totes les constants vitals, segur.

A les cinc de la matinada ens agrada estar despertes només si sortim del Luz de Gas, tota la resta que pugui passar de matinada no ens interessa per a res.

En el que sí que s'hauria de començar a fer un pensament

és a crear noves extraescolars que serveixin d'alguna cosa a la vida: gestió emocional per a relacions, aprendre a dur una discussió per xarxes socials, administrar economia per a autònoms... Potser així sí que tindríem criatures amb un futur prometedor.

20 de novembre
Assaig general del festival de Nadal

Encara no som a desembre i ja rebem el primer Telegram de la classe de P5 amb les indicacions per al festival de Nadal: reserveu-vos les dates, aquest és el nou emplaçament de l'escenari, prepareu el vestuari i compreu entrades!

Per favor, les autònomes no sabem si serem al país, si serem a Madrid, si treballarem, si ens hauran fet fora ja, si haurem d'anar a visitar clients... El que sí que sabem és que cada any acabem traumatitzant les nostres criatures. Estan fartes que a cada festival tinguem algun inconvenient. O bé arribem tard a la funció o marxem abans perquè tenim un directe, o simplement no hi som i acabem enviant-hi els avis en representació familiar... Però el que de debò ens preguntem és: com pot ser que tornem a menjar nadales del nen Jesús durant dos mesos seguits si els tenim apuntats a una escola laica?

La novetat d'enguany és que s'han de comprar les entrades per veure la funció. Això: a sobre, pagar! I quantes en vols? Doncs dues, no? Ah no, que sempre hi ha aquells que omplen tota la fila amb tot l'arbre genealògic, o les famílies enllaçades que acaben sent dotze per banda, o aquelles mares que no poden anar sense les seves mares i les mares de les mares i llavors són sis sumant-hi la família política, els avis i la tieta en cadira de rodes. I nosaltres que ben just hi serem nosaltres mateixes, no volem veure el marro de sogres empenyent cotxets de les mateixes filles i netes en un bucle infinit i dient que les seves són les que ballen i canten millor. Aquestes són un espècimen a part, les que passegen amb les seves mares per la rambla de Terrassa, que van a dinar a casa dels pares els diumenges i a l'estiu comparteixen apartament a Salou. Sabem que no són estils de vida ni decisions personals, és la barra que t'ho facin tot. La rutina d'anar a berenar cada dia no és un acte de bondat per veure els avis, és perquè sou unes mandroses i us fa mandra fins i tot fer un paambnutella. El que voleu és que us mantinguin la canalla, us paguin el dinar de tant en tant i us cuidin la criatura mentre xategeu amb el nou nòvio tranquil·lament. Si fas aquestes pràctiques com a jove, quedes com una atenta i educada nora, però si ho fas com a filla, ets una aprofitada. Als avis només se'ls utilitza com els extintors, per necessitat i emergència. Si ho fas sistemàticament, ells no sabran com dir-te que no, perquè tenen la culpa i l'educació cristiana integrades en l'ADN. Deumenguard de dir mal del fill, la filla i el net; ara, de la jove, ja és una altra cosa! Per als avis, facis el que facis, sempre ho faràs malament, i amb això volem fer una menció especial a l'emprenyamenta de quan no vam fer padrins de mona els avis. Fer padrins o tutors legals els avis en cas (deunohovulgui) que falteu, és d'abans. Donar un doble càrrec de malcriament a una persona que ja és familiar fa antic. Per això es van inventar els testaments de tutors legals als notaris, perquè poguéssiu fer testament sense que ells se n'assabentessin i estalviar-vos un disgust familiar més.

Desembre

13 de desembre
No tornarem a esquiar mai més

«No tornarem a esquiar mai més, s'ha acabat, proooooou!». Aquest és el crit que s'ha sentit des de casa nostra avui diumenge 13 de desembre a les 23:00.

És l'última temporada que ens veureu amb els esquís posats, us ho juro! Ni la Molina ni Portainé ni Boi Taüll ni Grandvalira ni Vallter 2000 ni Port del Comte ni Baqueira ni res!

Portem vint anys fent-nos les *pijes* superatletes, posant en risc la integritat física i els lligaments.

Aviam, si de petites no vam anar mai a esquiar, què pretenem ara? I quan diem mai és mai, eh! Que els nostres pares ens duien a la neu amb un trineu fet amb quatre fustes i, au, a tirar-nos boles pel cap! Aparcàvem abans d'arribar a pistes, allà on es fa el xep-xep, jugàvem una mica, fèiem un ninot de neu amb quatre branquillons i corre cap a dinar que es fa tard i no volem trobar caravana. Les nostres famílies no tenien l'economia per anar a fora cada cap de setmana i pagar hotel, forfets, lloguer del material, dinars, sopars i la roba tècnica que cada any ens quedava petita. Si és que som de classe mitjana! Els pares amb prou feines arribaven per comprar-nos les Nike Jordan per jugar a bàsquet, que les baixàvem d'Andorra amagades com si fossin farcells de droga i no podíem passar més nervis. Va haver-hi un temps que ens vam conformar amb unes J'Hayver, que eren més barates, però, gràcies a Déu, eren tendència. Perquè això sí, vam ser humils però sempre amb estil.

Si pots tenir un Tesla, qui cony tria un Kia de plàstic? I si pots viatjar a Formentera, qui collons vol posar el cul a les platges d'Orpesa? Doncs amb la neu passa el mateix. Qui es quedarà en una cuneta tirant-se per un turonet si pots esquiar com si fossis la mateixa Eileen Gu?

El que ens fa més malícia de tota aquesta merda de l'esquí són les *influencers*. Pengen a les xarxes lookassos amb monos arrapadíssims i complements de brilli-brilli amb borles i pèls autèntics que ens humitegen els ulls d'enveja... Però, en canvi, quan les veus baixant les pistes semblen el Pingu quan es tira per la muntanyeta i el seu germà toca la trompeta. Hi són totes, a Instagram! La Paula Echevarría, l'Anna Ferrer (filla de la Paz Padilla, per si no sabeu qui és), la Laura Matamoros, la Madame de Rosa i les Pombo amb els seus nous nassos. Ens fan creure amb el seu *feed* de 100 milions de seguidors que han passat un cap de setmana d'*après ski* amb llar de foc, cava i mantes de tartan escocès a preu de caviar, però nosaltres sabem que no han pagat un duro i que tenen patrocinat fins i tot el marit que jau al sofà amb cara d'imbècil. Què es pensen que han inventat? El postureig? Si des dels vint-i-tres que nosaltres ens fem les *pijes* aprenent a esquiar! Que les blaves ens fan més vertigen que la cita de l'estiu amb el surfista del Primavera Sound, i allà ens teníeu cada cap de setmana.

Qui realment ens pot entendre és la pobra reina Letícia, que ja va haver de passar aquest suplici d'aprendre a esquiar en temps rècord. Quan va arribar a la família li van dir: «Tu! Uns esquís i tira cap a la neu! Que això fa ric!».

Recordem perfectament les seves imatges a Baqueira amb

la família reial. La seva cara era un poema, la por li regalimava en forma de suor freda per l'esquena. Ells sí que porten l'esquí a la sang! També és més fàcil a la vida, perquè amb els nostres impostos poden pagar els vint-i-quatre monitors que es necessiten per ensenyar aquella colla de dropos!

Sort que l'empoderament no hi entén de classes socials i la reina va dir que prou i que ella no tornava a trepitjar la neu. I així ha sigut. Vaja, com nosaltres, que aquest any s'ha acabat! No ho fem pas per por de morir ni de trencar-nos un genoll, ni tampoc per pasta, que ara que treballem en cinc feines diferents aquests capritxets ens els podem permetre... Nosaltres no tornarem a pujar a esquiar perquè amb canalla és un infern!

Les separacions dels matrimonis comencen a les cues per llogar el material. Les botes sempre els acaben molestant i els has d'emprovar quatre models diferents fins que no ensopegues les bones. Has de carregar tots els esquís de les criatures perquè no poden ni caminar amb tot l'equipament. També els cauen el casc, els guants, el buf i les ulleres unes sis vegades a terra, espolses la neu i tot moll abans de començar. Després arriba el moment de posar guants: obre la mà, amb dos dits a cada forat, treu i posa, torna-ho a intentar, i així han passat tres hores per a cada guant mentre se't congelen els teus, de dits.

Després els que tenen sort faran classes amb monitors. Sempre hi ha el pare rata i hiperventilat que vol ensenyar-n'hi ell perquè es creu instructor i acaba traumatitzant els nens pels crits i el cansament que els provoca. Mireu, nosaltres preferim un Bimba y Lola nou abans que tot aquest malbaratament, que ja sabem que acabarà amb quatre plors i un divorci. Es queixen per les cues al telecadira, els germans es barallen sense parar i nosaltres pronunciem la mateixa frase cada temporada: «Ja t'he dit que amb ells no hi tornem més».

Tampoc els agrada el dinar que has preparat, perquè la truita està freda i el formatge, ressec.

Tot va tan malament que ploraries, i sobretot ploraries perquè, dilluns, aquella mare de l'escola t'explicarà que els ha anat tan bé a ells el cap de setmana i que com han desconnectat. I, esclar, et dirà que el millor de la vida és compartir activitats amb els fills... I una merda!!! No us deixeu enganyar: ni el teu cos pot suportar que el castiguis un hivern més fent un esport pel qual no has nascut, ni la teva família sobreviurà a aquestes proves de foc.

25 de desembre
A la taula de Nadal, qui no hi és res no val!

Tenim una joia a dins que no hi cabem! Òbviament, és ironia, perquè nosaltres tenim famílies estranyes, no com les que surten a Instagram o les de les nostres amigues, que tots s'avenen i tenen tradicions boniques. Nosaltres som d'una mena de famílies com si haguessin estat desterrades o exiliades durant un temps perquè tenim forats emocionals per tot arreu. Germans que no es parlen, tietes que no has vist mai, cosines que no saps ni com es diuen de segon cognom, madrastres, padrastres, filles creuades, pares discapacitats emocionals, mares castradores. Podríem dir que ens hem relacionat tan poc amb la família de sang que sabem més nosaltres una de l'altra que no pas de les nostres cosines. Hem plorat més juntes per les nostres desgràcies que davant de qualsevol dels nostres germans. Bé, una de nosaltres plora i l'altra escolta, perquè no ho ha fet mai. Una de nosaltres heu de saber que no ha plorat mai davant de l'altra, un tema que mereix un capítol a part.

Doncs amb aquest quadre de família que tenim, se'ns presenta la festa grossa de l'any: Nadal. El dia que has d'aparentar ser feliç amb gent que no has vist en 365 dies i tens una taula plena d'absències. És el dia que et rebenta el *timeline* de les xarxes amb posats de tots somrient, pijames de rens, jerseis de llana a joc, galets farcits, capó, torrons, neules i nebots i nets fent cagar el tió. Un infern per a aquells que estan sols o ho volen estar, un infern per a qui ha d'aparentar, un infern per a qui només té ganes d'arribar a casa i estirar-se al sofà deixant tota la falsedat sobre les tovalles de fil blanc.

Un dia com aquest hauries de tenir a taula tothom a qui volguessis tenir-hi, sigui o no llinatge de sang: les amigues, els amants, el metge de capçalera, els fills dels amics que et cauen bé, el marit i una tieta eixerida. I així ja faríem el dia de Nadal. Però no ho podríem celebrar només el mateix 25, ho hauríem de fer al llarg d'un parell de setmanes, obrir una agenda compartida i un Doodle per no entrar en conflictes de si ens conviden a més d'un lloc. Així no hi hauria aquella nostalgieta que la festa només dura vint-i-quatre hores. Tindríem tres setmanes, les que duren les vacances escolars, per menjar cada dia torrons, anar cada dia a casa d'una amiga diferent... I podries fer el paper de tieta, de col·lega, de parella..., el que calgués per fer feliç a tothom.

Volem que les festes de Nadal no siguin un cau de lamentacions pel fet d'estar on no vols estar i acabar menjant una cosa que no et ve de gust. Volem llibertat per rondar de taula en taula durant vint dies i celebrar les festes amb qui ens surti del cony. Si som un país modern, Catalunya mereix canviar les tradicions. Que els americans ja es van inventar el Thanksgiving per trobar-se en família uns quants dies abans de Christmas i així tenir dues oportunitats amb gent diferent a taula. Nosaltres hauríem de tenir el Trinadal, tres setmanes de festa grossa per fer felices totes les catalanes.

Bon Nadal!

28 de desembre
Cap d'Any a la vista!

No mentim quan us diem que aquest any, a l'agost, vam enxampar tres persones parlant dels plans de Cap d'Any. Dues estaven amb un ordinador en un bar fent la reserva d'un apartament per al dia 31 de desembre i una altra parella estava planificant amb qui menjarien el raïm i com s'organitzarien els àpats durant el cap de setmana llarg.

Nosaltres, les autònomes titiriteres, encara no havíem ni tancat l'ordinador ni havíem trepitjat una platja en mode vacances d'estiu i ja teníem al costat gent emparaulant monitors d'esquí!

Està clar que teniu feines de persones normals, ordenades, gent d'oficina o anestesistes amb totes les guàrdies sobre calendari. Nosaltres no sabem si la col·labo nova que hem començat a la ràdio aquest setembre ens aguantarà passat festes. Per tant, com voleu que sapiguem si podrem anar de vacances de Nadal? Però si encara ens deuen les aparicions televisives del mes de juliol!

Envegem la gent que a l'agost podeu parlar de Cap d'Any i al desembre ja reserveu l'apartament de la platja per celebrar la revetlla de Sant Joan. Sobretot per la seguretat amb què ho feu. També us diem que creiem que aneu molt refiats, sabent que tot seguirà igual d'aquí a sis mesos, que els vostres marits seguiran sent els mateixos, que no enxampareu els vostres nòvios i nòvies menjant-li els pits a cap altra ni que cap fill de quinze anys us donarà un disgust i dirà que no vol anar més de vacances amb vosaltres. Teniu molta fe que el Cap d'Any vinent serà el mateix i que podreu fer les mateixes coses tots junts en família fins que la mort us separi. Nosaltres no és que siguem pessimistes, però com que sempre hem viscut amb aquesta incertesa laboral i de desconfiança (també una mica), ja no donem per fet res, ni el matrimoni, ni la canalla, ni l'economia, per descomptat.

Que el temps passa ràpid ja ho sabem; que amb canalla tot va a un ritme frenètic, també. Però què està passant que hàgim de planificar les coses amb tant de temps? I per què tots hem de fer les mateixes activitats?

Si per Cap d'Any no vas a un apartament de muntanya i et fas unes fotos amb descansos i malles amb la frase «après ski», ja no ets ningú. Si als sis anys les teves criatures no han fet un curs d'esquí de muntanya amb una monitora, no ets digne de tornar al teu veïnat. Si no fas una fondue, una raclette i et menges uns croissants de mantega sobre unes tovalles de quadres vermells, ets una fracassada. I com que tothom ens ha venut aquesta imatge que fa hivern portar jersei de llana de rens de conjunt amb la teva parella i que cal follar davant d'una llar de foc per demostrar que la flama està viva, mai més ben dit..., doncs correm-hi totes desesperades a rebentar de reserves la Cerdanya, que toca fer el merda un any més.

No us cal fer turisme per aparentar, de debò, ja us ho diem ara. Que totes sabem que us torneu boges pel becari nou de l'oficina i que tard o d'hora us acabarà menjant el cony. Us trastornareu i tot seran lamentacions, penediments, confessions... I haureu d'acabar anul·lant l'apartament de les vacances de Nadal perquè haureu perdut el nord i l'últim que voldreu és menjar-vos el raïm amb la família, els dos amics de sempre i quatre arreplegats que no tenien plans, perquè tindreu llàgrimes als ulls i el cap a Cuenca pensant en els dies que us queden per tornar a veure el punyetero becari.

30 de desembre
Cap de pardal

Sí, les pubilles de cuixa forta anem al psicòleg. Estem fartes que la societat ens faci sentir malament per no anar al gimnàs, per no sortir a córrer o per no entrenar-nos a boxa. Tothom parla de tenir un cos saludable, però ningú parla de tenir-hi el cap. Estem al segle XXI i encara hi ha qui estigmatitza el fet de fer teràpia. Es diu amb la boca petita, en petit comitè, i no hi ha *influencers* que facin directes entrant a la consulta de la doctora Mañé però sí entrant a fer-se la manicura. I això ha de canviar.

Per això nosaltres fem un *streaming* petonejant el terra de la Facultat de Psicologia perquè surtin nous professionals que ens salvin de l'adolescència, la crisi dels quaranta, el trencament amb la parella, la mort d'un familiar o la merda d'autoestima que tenim atrotinada des del 1993. Com no hem d'anar a posar-nos el cap a puesto amb la quantitat de merdes que hem viscut ja des de petites?

En totes les etapes de la vida sempre t'acaba sortint algun tic o toc o turment que t'ha marcat per sempre. Així que mai és tard per fer teràpia.

En quantes famílies deveu haver sentit a dir, d'abans de l'any 2000: «Una bufetada a temps solucionaria moltes coses»? Esclar que els nostres pobres pares venien de rebre hòsties a casa, a l'escola, al carrer... Una vida franquista marcada per l'odi, per la misèria i per la ràbia. Havien crescut en un ambient de violència i un clatellot a un fill no era res de l'altre món.

Hauríeu de saber que una agressió a una criatura queda gravada per sempre. Encara se'ns ericen els pèls quan avui dia sentim a algú fent servir la maleïda frase o veient com aixequen les mans a les criatures al parc per haver-se mullat el vestit a la font.

Aquells pares d'abans, estrictes i absents, aquelles mares absorbides dedicades a la criança i a la pròpia feina... i tots abocant la seva frustració amb els que tenien a casa, els més dèbils, per qualsevol entremaliadura de criatures. Aquelles famílies han deixat ben tocada tota una generació i ara fan cua a les clíniques psicològiques amb problemes d'autoestima, sentimentals, de relació amb els altres...

Tenim amics que no van estudiar perquè tenien dislèxia i discalcúlia i els pares van creure que eren un destorb per a la societat i que valia més que treballessin. D'altres que no van poder fer una formació professional de mecànica perquè la mare va decidir que el futur era l'electricitat, encara que els fes por pelar un cable. O l'amiga enamorada de la fornera del poble, i el pare creient que només eren amigues i que encara no havia conegut un tros d'home que la fes canviar d'opinió.

Una de les coses que totes dues prediquem és la falta de paraules amables cap a nosaltres mateixes i cap a les criatures. Tenim una manera de fer que estigmatitza les persones i etiqueta la nostra canalla.

A nosaltres ens van fer creure que no érem prou bones per a les seves projeccions, comparades sempre entre germans, cosins, parents, el veí, l'amiga...

També a l'escola repetien el model de massa tontes, massa grasses, massa bones...

I ara que tot això ho tenim mig superat, ara també ens troben «massa coses». Alguns pares encara ara ens pregunten: no surts massa sense el teu marit? Vols dir que no deixes massa sols els nens? No viatges massa amb les amigues? Vols dir que no treballes massa? No vas massa escotada? Vols dir que no vesteixes massa atrevida per la teva edat? Vols dir que vas massa còmoda, així? Massa fins al cony de tot, estem!

No aguantarem ni una frase més jutjant-nos, que ho estem aguantant des que vam néixer. Així que no ens pregunteu més per què no anem als dinars familiars, per què no volem fer viatges tots plegats. Perquè sou uns ploms i no heu après res, i a sobre ens hem gastat un dineral cada mes en teràpia. Sou una generació perduda, però la nostra no l'esgarrarem.

Només van fer-nos bé una cosa: obrir-nos un compte corrent al banc quan naixíem, per a quan anéssim a la universitat o per treure'ns el carnet de conduir. La llàstima és que aquell compte hauria d'haver estat pensat només per pagar-nos les sessions amb la psicòloga. Si els haguéssim invertit més aviat en la Mercè Mañé, ens hauríem estalviat molts disgustos amorosos. Perquè, sí, l'autoestima és clau per afrontar assumptes del cor quan tens el puzle infantil mal construït.

Estem fartes de només heretar deutes de pisos, brots de psoriasi o malalties estranyes de les nostres àvies. A partir d'ara, si voleu deixar alguna cosa, us proposem un compte amb estalvis per cuidar la salut mental de la nostra canalla.

I fins aquí el nostre any. Abans d'acabar, però, volem demanar perdó als sogres, les mares, els pares, els cunyats i cunyades, les amigues, els amants, els nòvios i tota persona i ésser viu que s'hagi sentit ofès. Tot i que la veritat és que fa anys que hem decidit treure'ns de sobre aquesta llosa de la culpabilitat. Però si la Moreneta és capaç de perdonar-nos-ho tot, jo crec que tots vosaltres també. I els nostres marits no cal, que ja ens accepten i riuen de veure com som.

Ha passat un altre any en les nostres vides i, si voleu saber-ne més, només cal que compreu molt aquest llibre i us en farem una segona part!